ENQUÊTE PARLEMENTAIRE

SUR LES ACTES DU GOUVERNEMENT

DE LA

DÉFENSE NATIONALE

DÉPOSITION

DE M. JULES BRAME

ANCIEN MINISTRE,

DÉPUTÉ A L'ASSEMBLÉE NATIONALE.

> Le ministère du 10 août. — L'organisation de la défense. — Départ et retour du général Trochu; son attitude jusqu'au 4 septembre. — La marche de Mac-Mahon. — La nuit du 3 au 4 septembre. — La dépêche du gouvernement russe. — L'envahissement de la Chambre.

PARIS

E. LACHAUD, ÉDITEUR

4, PLACE DU THÉATRE-FRANÇAIS, 4

1872

AVANT-PROPOS

L'enquête du 4 septembre contient des faits déjà anciens de plus de deux années.

Ce document, qui vient de paraître, présentera sans doute moins d'intérêt que s'il avait été publié à une date plus rapprochée des graves événements qui ont motivé l'enquête ; mais les faits relatés par les organes de la publicité ont été souvent altérés ou transformés. Le contrôle auquel s'est livrée la Commission pouvait seul faire jaillir la lumière.

L'exposé des faits est contenu, dit-on, dans huit gros volumes qui ne peuvent être à la disposition que d'un nombre de personnes assez restreint. Tels sont les motifs qui m'ont décidé à faire publier ma déposition en brochure ; en de telles circonstances, chacun doit faire connaître au public les actes qui le concernent.

L'enquête poursuivie depuis vingt mois bientôt, dirigée par la Commission avec une persistance et une loyauté dignes de tous éloges, rectifiera bien des erreurs et fera connaître les aspirations et le caractère d'hommes sur le compte desquels le pays était complétement abusé.

J'ai dit à la Commission d'enquête :

« Je n'ai de haine contre qui que ce soit ; l'état » de mon esprit et mes convictions politiques me » permettent de parler avec la plus complète impar- » tialité. »

M. le Président m'a répondu que la Commission en était persuadée.

En effet, quoiqu'il y ait bien des coupables, je n'ai écouté que la voix de la vérité, mais j'ai dit la vérité tout entière.

J'ai fait connaître les défaillances ou la trahison de ceux que, jusqu'alors, l'opinion publique avait acclamés.

J'ai expliqué, défendu la conduite de personnages dont la popularité était atteinte.

J'ai accepté le Ministère avec mes honorables collègues, le 10 août, dans une situation presque désespérée.

J'ai accepté, parce qu'en un pareil moment il n'était permis à personne de refuser, et qu'à défaut d'autres qualités, je me sentais au moins la somme de volonté et de dévouement au pays nécessaire pour aller jusqu'au bout.

J'ai accepté le jour même où le général Changarnier offrait ses services ; tous deux nous avons été mus par une même pensée, nous rappelant l'admirable lettre que Carnot écrivait à Napoléon 1er, le 24 janvier 1814, à l'époque où se révélaient nos plus grands désastres (voir la note 1).

Le Ministère du 10 août ne s'était pas fait illusion ; mais au lieu de désespérer, il se dévoua froidement, résolûment, et s'efforça de sauver le vaisseau de l'État.

Il y aurait peut-être réussi, si l'insurrection ne s'était mise de la partie et si l'équipage n'avait pas conspiré avec les éléments.

Les hommes qui composaient ce Ministère ont été engloutis, comme tant d'autres, mais en emportant au moins avec eux cette suprême consolation de n'avoir point forfait à l'honneur et d'être, jusqu'au dernier moment, restés fidèles à leur devoir.

Note 1.

Lettre de Carnot.

Paris, 24 janvier 1814.

Sire,

Aussi longtemps que le succès a couronné vos entreprises, je me suis abstenu d'offrir à Votre Majesté des services que je n'ai pas cru lui être agréables.

Aujourd'hui, Sire, que la mauvaise fortune met votre constance à une grande épreuve, je ne balance plus à vous faire l'offre des faibles moyens qui me restent. C'est peu de chose, sans doute, que l'effort d'un bras sexagénaire, mais j'ai pensé que l'exemple d'un ancien soldat, dont les sentiments patriotiques sont connus, pourrait rallier à vos aigles beaucoup de gens incertains sur le parti qu'ils doivent prendre et qui peuvent se laisser persuader que ce serait servir leur pays que de les abandonner.

Il est encore temps pour vous, Sire, de conquérir une paix glorieuse et de faire que l'amour du grand peuple vous soit rendu.

(*Signé*) CARNOT.

DÉPOSITION

DE

M. JULES BRAME.

M. le Président. — La Commission est prête à vous entendre, et elle recueillera, avec le plus vif intérêt, les renseignements que vous voudrez bien lui donner sur la journée du 4 septembre, sur les causes qui l'ont amenée et sur les hommes qui y ont pris part.

M. Jules Brame. — La Commission désire-t-elle me poser des questions auxquelles je m'empresserai de répondre, ou suis-je appelé auprès d'elle pour faire le récit des faits qui sont à ma connaissance? Si c'est cette dernière manière de procéder que préfère la Commission, j'aurai l'honneur de lui faire observer, qu'appelé à me rendre auprès d'elle à bref délai, je n'ai pas sous la main certaines notes prises à l'époque où j'étais ministre, et que j'ai dû mettre en sûreté ; si, lorsque je serai rentré en possession de ces notes, je m'apercevais qu'il existât des lacunes ou des incorrections dans ma déposition, je demande d'avance la permission de rectifier ou de compléter les points importants. Il est surtout certains chiffres qui concernent le général Trochu.

Je désire les produire à la Commission; mais, auparavant, il m'en faut avoir la preuve.

M. le Président. — Veuillez nous exposer les faits tels que vous les avez présents à l'esprit.

La Commission prend acte de vos réserves.

M. Jules Brame. — Messieurs, je tiens à déclarer d'abord, de la manière la plus formelle, que je n'ai de haine contre qui que ce soit, que l'état de mon esprit et mes convictions politiques me permettent de parler avec la plus complète impartialité des hommes et des choses.

M. le Président. — La Commission n'en doute nullement.

M. Jules Brame. — Je ne me suis jamais fait illusion sur
les tendances des irréconciliables : cette qualification qu'ils s'étaient appliquée eux-mêmes, indiquait surabondamment que le
premier article de leur code politique renfermait la pensée du
renversement de l'ordre établi avant le 4 septembre, et, dès lors,
chacun de nous pouvait calculer les terribles conséquences que
feraient surgir des déchirements sociaux annoncés avec tant
d'éclat. J'avais, comme beaucoup de mes amis, adopté ce principe
politique : *La liberté sans la révolution,* et ainsi que mes honorables collègues et amis, MM. Daru, de Talhouët, Buffet, de Chambrun, Kolb-Bernard et tant d'autres, j'ai constamment recherché et appuyé les réformes libérales ; comme aussi, j'ai voté
contre la guerre d'Italie, contre l'expédition du Mexique,
contre les grandes dépenses et les monopoles, contre
toutes ces mesures graves prises en dehors des délibérations
préalables des Assemblées ; enfin, dans la dernière Chambre,
j'étais du nombre de ceux qui ont voté contre la guerre avec
la Prusse.

Le dimanche, 7 août, j'étais de retour dans le département
du Nord, lorsque subitement nous reçûmes, mes collègues et
moi, l'avis pressant de nous rendre à Paris.

Dès mon entrée au Corps législatif, je trouvai dans la salle
des conférences du palais Bourbon, cent députés environ. Ils
s'étaient réunis pour se concerter sur les mesures commandées
par la situation.

Un grand nombre d'entre eux appartenaient au centre gauche,
au centre droit et à la droite ; ils se rendirent dans un bureau
pour délibérer sur les mesures à prendre, et me firent l'honneur de me nommer leur président.

Immédiatement la résolution fut adoptée d'envoyer des délégués
à l'Impératrice. M. de Dalmas fut chargé d'obtenir une audience
pour le soir même, et fit bientôt connaître que l'Impératrice

recevrait dans la soirée les députés qui seraient désignés par leurs collègues.

Six députés furent délégués, deux appartenant au centre gauche, deux au centre droit, deux à la droite ; ils représentaient ainsi les diverses fractions conservatrices de la Chambre. — On décida qu'ils se rendraient aussitôt aux Tuileries, et qu'ils demanderaient à Sa Majesté l'Impératrice de réaliser les trois mesures suivantes :

1º Le renvoi immédiat du ministère Olivier ;

2º La nomination du général Trochu au Ministère de la Guerre dans le nouveau cabinet ;

3º La nomination du général de Montauban au commandement de l'armée chargée de couvrir Paris.

Les six députés délégués furent : MM. Jules Brame, de Dalmas (centre gauche), Dupuy de Lôme et Josseau (centre droit), Dugué de la Fauconnerie et un autre député dont le nom m'échappe en ce moment (droite).

Au moment où nous arrivâmes aux Tuileries (10 heures du soir), l'Impératrice présidait le conseil des Ministres ; elle sortit aussitôt, et nous reçut dans le salon voisin. — Procédant avec la gravité qu'imposaient les circonstances, elle s'adressa successivement à chacun de nous, et nous interrogea sur les divers points faisant l'objet de notre mission.

La situation, ses périls, les fautes commises, la nécessité des mesures immédiates à prendre, furent exposés sans déguisement.

Après nous avoir entendus, l'Impératrice appela la discussion sur chacune des mesures que nous lui proposions d'adopter sans délai :

1º Sur le renvoi du ministère Olivier ; elle pensait qu'une crise ministérielle, en face de l'ennemi, serait périlleuse, jetterait des inquiétudes dans les esprits, au moment où nous avions tant besoin de fermeté et de confiance.— Cette crise, ajoutait-elle, pourrait faire croire à un désaccord entre le Gouvernement et le Corps législatif, alors que l'union seule pouvait encore tout sauver.

Elle termina en déclarant qu'une des premières nécessités de la situation était de ne pas perdre un instant pour réorga-

niser la défense. — Nous insistâmes sur l'urgence de la mesure.
L'état de l'opinion, disions-nous, l'exigeait ; c'était dans l'intérêt de la défense même et pour donner de l'élan et de l'énergie
qu'elle était indispensable.

Un délai de 24 heures au plus pouvait suffire à tout ;

2° et 3° — Sur la proposition de nommer le général Trochu
au Ministère de la Guerre et le Général de Palikao au commandement de l'armée destinée à couvrir Paris, l'Impératrice nous
dit qu'elle avait fait faire des ouvertures au général Trochu
à ce sujet, mais qu'il avait mis pour condition à son acceptation : qu'il lui serait permis, en montant pour la première fois
à la tribune, de dévoiler toutes les fautes commises depuis 1866,
et de se livrer à leur critique. — « Une telle condition, dans
» un tel moment, est-elle acceptable, dit l'Impératrice, alors
» que l'ennemi nous menace et est prêt à profiter de nos dis-
» cordes intérieures? Faut-il venir développer plus ou moins
» longuement à la tribune, méthodiquement sans doute, nos
» côtés faibles, et se livrer à des dissertations qui viendraient
» révéler à l'ennemi ce que nous avons intérêt à lui cacher ?
» J'en fais juge chacun de vous. »

Deux députés (MM. Josseau et de Dalmas) insistèrent et
demandèrent à l'Impératrice de voir elle-même le général Trochu, convaincus qu'il avait trop de patriotisme pour persister
à mettre une pareille condition à son acceptation.

« Cela serait sans efficacité, répondit l'Impératrice, il faut
» aller vite, nous n'avons plus de temps à perdre ; l'un des amis
» du général l'a vu de ma part, et le général a formellement et
» nettement insisté sur sa détermination qui est absolue. »

Elle nous laissa entrevoir que son choix se porterait sur le
général comte de Montauban, qu'elle avait appelé de Lyon à
Paris.

Nous quittâmes l'Impératrice en lui faisant remarquer que
les cent députés au nom desquels nous nous présentions à titre
de délégués, composaient les différentes nuances du parti con-
servateur, et en l'engageant à réfléchir sur la gravité de notre
démarche et de ses conséquences.

Je crois me rappeler que le sixième membre était M. le comte de Civrac qui, aujourd'hui, fait partie de cette Commission.

M. le comte de Civrac. — Pardon, je faisais partie de la réunion, mais je n'étais pas au nombre des délégués qui ont eu mission de se présenter au Château.

M. Jules Brame. — Je croyais que vous nous y aviez accompagnés. — N'y a-t-il personne ici qui se soit trouvé présent à cette entrevue ?

M. le Président. — Votre témoignage n'a pas besoin de confirmation, veuillez continuer.

M. Jules Brame. — En retournant au Corps législatif auprès de nos collègues, nous échangeâmes nos pensées, et nous fûmes d'avis qu'il n'était pas possible d'accepter la condition qu'imposait le général Trochu.

Cette condition était anormale, j'en fus péniblement affecté.

Nous rendîmes compte à nos collègues de notre démarche. — Les événements se précipitaient, le temps allait nous manquer.

Sur ces entrefaites, d'autres observations, sans doute, furent présentées à la Régente, et le 9 août, pendant la séance, deux de mes honorables collègues du Corps législatif vinrent me proposer de faire partie d'un ministère nouveau. — « Moralement j'avais été, me disaient-ils, désigné par l'assemblée préparatoire qui m'avait nommé son président et un de ses délégués auprès du Gouvernement.

» La France, ajoutaient-ils, était dans un plus grand danger qu'on ne pouvait supposer ; il fallait, avant tout, des hommes énergiques et décidés pour faire face au péril ; il s'agissait d'un acte de patriotisme, on mettait à ma disposition deux portefeuilles, l'un pour moi, l'autre pour telle personne qu'il me plairait de désigner dans le parti auquel j'appartenais. »

Pour moi, la question avait un côté politique ; je demanda cinq minutes pour consulter quelques-uns de mes amis, et je me rendis auprès de l'honorable M. Schneider, président, dont les idées s'accordaient avec les nôtres ; je vis MM. Daru et de Talhouët, dans les rangs politiques desquels je n'ai cessé de combattre, et tous trois me firent la même réponse: « Votre » acceptation sera un acte de dévouement et de courage; on ne

» recherche pas un portefeuille dans les situations terribles que
» nous traversons; mais lorsqu'il vous est offert, on ne peut
» le refuser. »

M. le comte Daru, vice-président de la Commission. —
C'est vrai.

M. Jules Brame. Nul, dès lors, ne pouvait m'accuser
d'ambition; j'avais déjà, à cause d'une divergence d'opinion
dans une question d'économie sociale, refusé, quelques mois
auparavant, le Ministère des Travaux publics; j'en remettrai
les preuves à la Commission; d'ailleurs, à ce moment même,
l'émeute grondait déjà sous les murs du Corps législatif, elle
n'était maintenue que par l'attitude énergique du maréchal
Baraguey d'Hilliers; j'acceptai donc à l'instant, sans demander
même, comme cela se pratique d'ordinaire, quels étaient les
autres membres du Cabinet, puisqu'il ne devait avoir aucun
caractère politique; il était avant tout, et il restait dans son
rôle: Ministère de défense nationale.

Je m'aperçus bientôt que le Corps législatif verrait avec plaisir
la suppression du portefeuille des Beaux-Arts; l'opinion était
unanime à ce sujet. Je proposai donc la suppression de ce
Ministère, et, en attendant la division des services, je fus appelé
à le régir en même temps que celui de l'Instruction publique
qui m'était dévolu.

Dès la première réunion du conseil des Ministres, nous orga-
nisâmes les services pour procéder à une défense énergique et
intelligente.

M. J. David, Ministre des Travaux publics, était, avec moi,
chargé de la surveillance de l'armement des fortifications, de
leur approvisionnement, des travaux à élever dans les parties
faibles qui entouraient la capitale, et de toutes les mesures à
prendre dans un rayon de dix lieues, pour retarder, autant
que possible, l'arrivée de l'ennemi sous les murs de Paris.

Le général comte de Palikao passait ses journées et une partie
de ses nuits à recevoir des dépêches et à donner des ordres;
il créait un corps d'armée nouveau destiné au général Trochu,
un autre sous les ordres du général Vinoy, un autre confié au
général Renault, et l'armée, composée de près de 180,000

hommes en moins de 15 jours, pouvait, sans doute, faire face aux plus grands événements.

De son côté, M. Clément Duvernois, Ministre du Commerce et de l'Agriculture, appliquait tous ses efforts à la tâche immense qui lui avait été dévolue. Il organisait avec soin, selon l'indication du Conseil des Ministres, des Commissions composées d'hommes compétents qui devaient, selon leur spécialité, veiller à l'exécution des marchés, à l'entrée et au classement des nombreuses têtes de bétail qui arrivaient dans les forts et dans l'intérieur de Paris ; puis, enfin, il créait d'autres Commissions dont le but était d'établir une sage division dans l'économie et la répartition des vivres, afin qu'aucun désordre, aucune perte, aucun scandale ne pussent se produire dans cette œuvre considérable de l'alimentation d'une ville de plus de deux millions d'habitants.

L'honorable M. Magne, Ministre des Finances, s'efforçait de subvenir à toutes les dépenses, quelque considérables qu'elles fussent, mais en imprimant à ses opérations cette sévérité dont il a donné tant de preuves pendant qu'il était au pouvoir.

Le Ministre de l'Intérieur et le Ministre président du conseil d'État étaient, de leur côté, chargés de l'organisation des mobiles et des mobilisés, de leur équipement qui comportait des détails considérables. Car tout était à faire. Ils étaient chargés également de rechercher les armes dont la rareté constituait un véritable malheur public.

La France entière a rendu justice au Ministre de la Marine et à la forte organisation de cette arme.

Le Conseil avait compris que c'était de la division du travail que l'on devait attendre les meilleurs résultats.

Mais il fallait prévoir l'investissement de Paris qui devait être transformé en un grand champ de bataille. La Régente avait formellement manifesté sa volonté de ne pas quitter la ville. Il y avait donc nécessité absolue de créer une délégation hors de l'enceinte.

M. le prince de la Tour d'Auvergne, Ministre des Affaires étrangères ; M. le Ministre de la Justice, furent appelés à organiser dans la ville de Tours tous les services des Ministères et des Assemblées. Cette délégation du pouvoir central devait ordonner la concentration des corps d'armées, dont le but était de tomber sur les derrières de l'ennemi et de tenter de dégager la capitale.

Dès mon entrée au Ministère, ma première pensée fut de me rendre un compte exact de l'état où se trouvaient les fortifications de Paris. J'allai visiter le lendemain les remparts et les différents forts qui l'entourent.

Les forts contenaient tout simplement un vieux commandant et un portier-consigne; dans les forts et sur les fortifications, pas une pièce de canon n'était en place; ni munitions, ni gargousses, ni vivres, ni défenseurs; partout c'était le silence, le désert; et l'ennemi était à huit journées de marche de Paris !

Nous rendîmes compte à nos collègues de cette situation, et nous comprîmes seulement alors le degré de notre responsabilité. Il fallait parer à tout.

Heureusement l'ennemi fut retardé, grâce aux batailles des 16 et 18 août et à la marche de Mac-Mahon. On a prétendu qu'à ce moment notre armée était affaiblie, démoralisée. L'histoire dira, au contraire, que la journée de Gravelotte a démontré, une fois de plus, l'admirable bravoure de nos soldats. Peutêtre ce jour-là un mouvement en avant nous aurait-il rendu les faveurs de la fortune.

Cependant nous nous mîmes tous à l'œuvre; le Ministère créa à l'instant même un Conseil de défense de Paris, et il demanda à MM. Daru, de Talhouët et au chef actuel du pouvoir exécutif de faire partie de ce Conseil.

Je visitai pendant toute une journée les fortifications avec M. Thiers. — Je serais obligé d'entrer dans de trop longs détails si je devais vous faire connaître les efforts inouïs que nous avons faits pour être prêts à temps. Qu'il me suffise de vous apprendre que, du 10 août au 4 septembre, quand nous avons été forcés de quitter les affaires, Paris était en état de défense. Si nous avions eu quelques jours de plus, les travaux eussent été entièrement achevés.

En vingt-cinq jours il avait fallu suffire à tout, et vous pouvez vous rendre compte des détails immenses que nécessite l'armement d'une place avec un périmètre tel que celui de Paris, et des forts aussi nombreux.

Ainsi, nous avions à Montretout, le dimanche 4 septembre, 5,000 ouvriers; le lundi, après l'avènement du Gouvernement nouveau, il n'en restait plus que 500, vous pouvez le faire constater; le malheur était proche, le jour fatal arrivait; nous nous étions efforcés cependant de ne pas perdre un jour, de ne pas nous écarter un moment du but que nous voulions atteindre.

En moins de vingt-cinq jours, nous avons donc obtenu ces grands résultats que personne ici, ni au dehors, ne pourra contester :

La réorganisation d'une armée de 180,000 hommes;

L'armement et le ravitaillement de Paris pour une longue durée, si l'ordre avait présidé à la distribution des vivres;

Les dispositions prises pour retarder autant que possible la marche de l'ennemi;

La commande et la création d'une quantité considérable d'armes pour faire face aux pertes de celles qui nous échappaient.

Chacun dans ces graves circonstances, Messieurs, doit supporter sa part de responsabilité. Je n'ai pas à m'occuper de ce qui s'est passé en dehors de nous, des faits de guerre qui ont amené la malheureuse catastrophe de Sedan; je précise, je restreins mon récit aux faits et aux actes qui se sont passés sous mes yeux.

Je reviens donc à la question qui m'est posée par M. le Président.

La Commission, m'a-t-il dit, recueillera avec intérêt les renseignements que vous êtes appelé à lui donner sur les causes qui ont amené la journée du 4 septembre et sur les hommes qui y ont pris part.

Vous me demandez mon avis, Messieurs, sur les causes qui ont amené la journée du 4 septembre; vous n'ignorez pas qu'elles sont multiples, profondes et anciennes. Vous me dispenserez de vous en faire l'analyse, elles ont été signalées dans la presse et à la tribune. Ces causes devaient activer la révolution, la faire éclater dès que les mécontents trouveraient une occasion favorable pour se réunir et pour porter un coup décisif.

Les fautes commises avaient développé le germe; l'échec de nos armes est venu fournir le prétexte et déterminer l'explosion.

Les fanatiques seuls peuvent nier ces vérités; quant aux fautes, l'homme politique doit les constater pour éviter au moins qu'elles se renouvellent.

Oserait-on reprocher au Ministère du 10 août d'avoir trop exclusivement reporté ses pensées, son action vers l'ennemi, c'est-à-dire vers l'étranger qui nous menaçait? Veuillez rappeler vos souvenirs, songer à ce qui se passait à cette époque. Avant la pointe du jour, les Ministres étaient sur pied; dès huit heures, ils entraient au Conseil et chacun d'eux venait rendre compte des ordres qui avaient été arrêtés la veille et dont il avait été chargé d'assurer l'exécution.

A deux heures, nous entrions en séance au Corps législatif, et là, les irréconciliables, par leurs discours, tendaient à atteindre deux buts:

Éloigner de Paris tout ce qui appartenait à l'armée régulière et donner des armes à tout ce qui composait la multitude; or, pour obtenir ce résultat, ils nous calomniaient, nous poursuivaient, nous harcelaient pendant de longues heures que nous aurions pu employer d'une manière plus fructueuse aux nécessités suprêmes de la défense.

Nous avions vu le danger; mais on nous répétait chaque jour, tout en excitant les passions : — « Comment! vous conservez » dans la capitale des régiments entiers? Vous n'avez qu'un » but : sauver la dynastie; vous perdez la France. »

Eh bien ! non, Messieurs, nous voulions avant tout sauver la France; et dans nos esprits la dynastie n'était qu'au second rang. Nous comprenions que le jour où la dynastie viendrait à s'effondrer, la guerre civile surgirait et compromettrait plus que jamais notre force morale et notre action devant l'ennemi; mais nous espérions encore qu'aucun parti ne pousserait l'impiété envers la patrie jusqu'à vouloir enter la guerre civile sur la guerre étrangère.

Nous nous sommes efforcés de faire arriver des départements la force armée; nous nous sommes refusés jusqu'aux derniers jours à armer les masses populaires; et il faut enfin que j'aborde le sujet le plus délicat de l'interrogatoire que vous dicte votre mission.

Les causes que vous m'invitez à vous faire connaître dépendent presque toujours du fait des hommes, et vous comprendrez, Messieurs, combien il est délicat et dangereux parfois de juger la conduite de ses contemporains.

Quelles ont été les causes immédiates du cataclysme; en d'autres termes, pour me servir d'une image vulgaire, quelle a été la goutte d'eau qui a fait déborder le vase? Je ne parle ici que de la révolution du 4 septembre, en dehors des faits de guerre. Je veux, devant votre tribunal, dire l'exacte vérité; elle servira sans doute d'enseignement pour l'histoire.

Je suis forcé, Messieurs, pour bien vous expliquer les faits, de les reprendre à une époque qui a déjà été pour moi un point de départ dans ma déposition.

Vous vous le rappelez, le 7 août, je faisais partie d'une délégation de la Chambre auprès de l'Impératrice. Entre autres choses, cette délégation avait la mission de demander le Ministère de la Guerre pour le général Trochu.

Je le connaissais peu, je lui avais été présenté une seule fois, quelques années auparavant; mais il avait en ce moment, aux yeux des populations, un grand mérite, un incontestable prestige. — Depuis longues années il faisait une opposition assez vive à un gouvernement qui paraissait devoir succomber; il était tout naturel qu'on se dît, si l'on avait suivi une marche contraire, tout se fût passé autrement. Il ne faut pas s'étonner du langage de ceux qui raisonnent ainsi.

C'était le courant qui régnait à cette époque; je crus qu'il était de mon devoir de prévenir le Ministre de la Guerre de la démarche faite auparavant au sujet du général Trochu.

Le général Ministre me répondit: « J'ai d'autres motifs pour donner un commandement au général Trochu. Si le malheur voulait que le Maréchal de Mac-Mahon, homme d'un courage à toute épreuve, d'une loyauté rare, d'une grande énergie, fût

2

blessé ou tué, je compte sur Trochu pour le remplacer et commander en chef l'armée. Dès aujourd'hui, je lui donne un commandement de Maréchal, et je l'envoie à Châlons. — Je vais l'appeler et m'entendre avec lui. »

Le lendemain, à l'entrée du Conseil, le Ministre de la Guerre me dit : « Le général Trochu est venu me voir, je lui ai donné le commandement dont je vous ai parlé, je lui ai fait connaître mes intentions. »

Ces intentions du Ministre de la Guerre ne nous avaient pas été communiquées ; la plupart d'entre nous les auraient comprises sans doute, mais n'auraient pu ni les discuter ni les combattre ; et la nécessité de conserver l'unité et le secret le plus profond nous faisait du reste une loi de nous abandonner à un Ministre, homme de guerre qui, sans doute, s'était entendu à ce sujet avec des hommes spéciaux ; il avait d'ailleurs fait ses preuves dans une expédition lointaine, dangereuse, suivie de succès pour l'honneur de nos armes.

Dès ce moment, Messieurs, je vais me borner à l'énumération des faits, voulant m'abstenir de toute appréciation contestable ; rien n'est brutal comme un fait, il est ou il n'est pas ; le public et vous-mêmes en tirerez les conclusions.

Le général Trochu partit pour Châlons, et le conseil des Ministres fut très-étonné d'apprendre son retour quarante-huit heures après son départ.

I fut admis au sein du Conseil.

Depuis notre entrée en fonctions, tous nos efforts avaient tendu à créer une formidable résistance pour nous porter au devant de l'ennemi ; le général Trochu venait nous apprendre que tout était perdu. — « Il fallait, disait-il, autant que mes souvenirs sont précis, faire retraite et se concentrer vers la capitale. Il avait été nommé Gouverneur de Paris par l'Empereur dont il était désormais le représentant. » La crainte de vous donner des détails qui ne seraient pas d'une exactitude rigoureuse, me force à ne reproduire que la substance de ses paroles ; mes collègues, que vous appellerez sans doute, viendront compléter le récit de ce grave incident.

Je vis à l'instant même une altération profonde empreinte
sur la physionomie du Ministre de la Guerre; les déchirements
de son âme se sont manifestés pour tous ceux qui étaient
présents; c'est que, dès le début, il avait compris que l'hésitation jetée par le général Trochu dans l'esprit des chefs de
Châlons, la marche en arrière, la perte de temps, un plan autre
que celui qu'il avait conçu comme Ministre responsable, l'appa-
rition d'un chef qui, au lieu d'obéir, sortant de son rôle, venait
pour commander : le général de Palikao avait compris, dis-je,
que c'était bien là le pronostic le plus terrible de l'anarchie
militaire.

Tels sont les sentiments que j'ai lus dans les yeux du Ministre
de la Guerre, et j'ajouterai, tels sont ceux que le Ministre lui-
même m'a confiés au sortir du Conseil.

Quelques jours après, le général Trochu revint au conseil
des Ministres, où il fut appelé pour des motifs de service; on
avait appris, sur ces entrefaites, que ce général ne s'était pas
borné à se faire octroyer le titre de Gouverneur en dehors de
toute participation du Gouvernement, à jeter le trouble, l'hésitation là où il aurait dû imprimer la décision et l'énergie, à
revenir seul de sa personne, sans ordre du Ministre de la
Guerre; on avait appris encore qu'il ramenait avec lui 18
bataillons de mobiles armés de 12 à 14,000 fusils chassepots.

Le Ministère s'était remis à l'œuvre afin de compléter l'armement à tir rapide et de réunir le nombre de soldats indispen-
sables pour repousser l'envahissement. A peine cette nouvelle
connue, le Ministre de la Guerre ne put contenir son indigna-
tion et adressa au général Trochu les reproches les plus amers,
le rendant responsable de tout ce qui pourrait arriver, lui
demandant quel était celui qui devait organiser les armées et
les diriger vers celles des phalanges destinées à attaquer
l'ennemi; et il ajouta : « Il n'y a pas un instant à perdre, pas
un bataillon à conserver. — « Il aurait fallu, vous ne l'ignorez
» pas, pour se mettre en campagne selon toutes les règles de la
» guerre, au moins trois fusils par soldat, ce qui aurait néces-
» sité un armement de trois millions de chassepots. — Nous
» n'en possédions, au jour du départ, que un million soixante-

» cinq mille ; une moitié de ces fusils avait été renfermée, soit
» à Metz, soit à Strasbourg, — deux villes bloquées. Je réser-
» vais donc, avec le plus grand soin, tout ce qui me restait
» pour en doter l'armée qui doit combattre en rase campagne,
» et vous me les ramenez à Paris.

« J'envoie à l'armée 18 bataillons de mobiles, composés
» d'enfants de Paris fermes, vigoureux, invincibles devant
» l'ennemi comme le sont les Parisiens, mais toujours révolu-
» tionnaires, en temps d'agitation, surtout dans la capitale.

« Ces 18 bataillons pouvaient au dernier moment décider du
» sort d'une bataille, et de votre autorité privée, sans me
» consulter, vous les ramenez ici en nous suscitant de nouveaux
» dangers. » Et en effet, Messieurs, mon collègue, M. Busson-
Billault, ancien Ministre présidant le conseil d'État, pourra
vous dire que le 4 septembre, à 3 heures, c'étaient ces mêmes
mobiles qui avaient fomenté un commencement d'émeute au
camp de Saint-Maur ; ils avaient envoyé des délégués à Paris
sous prétexte qu'on égorgeait leurs frères ; ils entouraient le
général Trochu, rue de Rivoli, criant : « vive Trochu ! vive la
République ! »

Le Ministre de la Guerre voyait le flot monter d'heure en
heure ; ses efforts, disait-il, venaient se briser contre la volonté
ou le caprice d'un homme qui ne tenait pas son pouvoir des
Ministres responsables ; il déposa son portefeuille, déclara son
intention formelle de se retirer, et ne céda qu'aux instances de
l'impérieuse nécessité que commandaient les dangers et la gravité de la situation. Ce qui n'empêcha pas le général Trochu
de produire, quelques jours après, la proclamation dont le
souvenir est présent à vos esprits, proclamation dans laquelle
il disait à ces mêmes mobiles : « Votre *droit* est de revenir à
Paris ! » Ce à quoi le Ministre de la Guerre répondit : — « Vous
» êtes soldat, votre éducation a été toute militaire ; je crois
» n'avoir jamais appris de ma vie qu'un acte aussi formidable
» ait été produit par un général envers des soldats, et au milieu
» d'une armée régulière parmi laquelle vous prêchez la déso-
» béissance et la sédition. » Il termina en disant au général :
» Les soldats, en campagne, n'ont qu'un droit, c'est celui d'obéir :

» sinon, comment prétendre vous faire respecter vous-même? »

Le langage du Ministre de la Guerre fut si ferme et si menaçant que le général Trochu n'y revint plus.

Il est un autre incident, Messieurs, que ma loyauté me fait un devoir de ne pas vous taire, au devant duquel même je dois me porter.

Est-il vrai que le conseil des Ministres ait donné l'ordre d'aller dégager l'armée de Bazaine bloquée à Metz? Le conseil des Ministres n'avait pas d'ordres à donner aux généraux commandant en chef.

Est-il vrai que le conseil des Ministres ait été d'avis de ne pas abandonner à elle-même l'armée de Bazaine?

Le fait est exact; et au moment où il délibérait sur cette grave question, reculant devant l'idée de n'opérer aucune tentative, de n'envoyer aucun secours, le Ministère recevait du maréchal Mac-Mahon une dépêche lui annonçant que, d'après un avis qui venait de lui parvenir de la part du maréchal Bazaine, il se portait à son secours avec son armée.

On s'est, dès le principe, emparé de ce fait, on l'a transformé en un grief politique pour s'en servir contre ceux qui étaient aux affaires avant le 4 septembre, sans se rendre compte de l'époque à laquelle ils avaient pris les affaires, et des honorables motifs qui, au dernier moment, avaient dicté leur acceptation.

Quelle était la situation? Le Ministère du 10 août avait été constitué après les affaires désastreuses de *Wissembourg*, *Reischoffen* et de *Forbach*; l'armée, formée par petits groupes, ainsi qu'on l'a si justement blâmé, avait été, pour ainsi dire, coupée en deux par les efforts des Prussiens.

Le corps commandé par Mac-Mahon avait fait retraite et s'était replié en désordre sur Châlons, où il se reconstituait.

Bazaine, nommé général en chef, séparé de Mac-Mahon, se concentrait à Metz, et l'on nous assurait alors qu'aprèsl l'affaire de Gravelotte, qui n'a été pour nos armes ni une victoire ni un échec, mais qui a été, suivant la parole mémorable de M. Thiers, « *une des plus grandes batailles du siècle* », l'armée de Bazaine était bloquée, enlacée dans un cercle de fer sous les murs de Metz, avec l'impossibilité radicale, déjà à cette époque, j'appelle l'attention de la Commission d'enquête sur ce fait, de se dégager au moyen de ses propres forces.

Ici, Messieurs, il ne m'appartenait pas à moi, Ministre de l'Instruction publique, pas plus qu'il n'appartenait à mes autres collègues représentant l'élément civil dans le Cabinet, de juger, de trancher la question stratégique. Était-il possible, était-il impossible de dégager l'armée de Bazaine; fallait-il revenir sur Paris, ou se diriger vers Metz? Les hommes de guerre, les hommes du métier qui appartenaient au Conseil, qui s'étaient illustrés par de grandes entreprises et de sérieux travaux, étaient seuls aptes à décider cette grave question.

Ils viendront s'expliquer devant vous; ils vous donneront les motifs qui ont dominé leur pensée. Quant à moi, je le déclare, j'ai jugé avec mon bon sens, avec ma conscience. — Je me suis dit: « où est la France? Là où est le drapeau, là où est l'armée, là où est le danger. » Laisser sciemment massacrer ou capituler une armée de 150,000 hommes, serait un acte dont l'histoire ancienne et moderne ne nous a pas jusqu'à ce jour donné l'exemple.

La laisser sans nouvelles, sans secours, dévorée par la famine au cœur de la France, à la merci d'un ennemi implacable, mieux vaut mille fois succomber avec honneur que s'abriter sous les murs de Paris, où des centaines de milliers de défenseurs seront prêts à recevoir l'ennemi, à le maîtriser, à le repousser peut-être, grâce à l'appui formidable que leur donnent nos forteresses et nos remparts inexpugnables; ramener l'armée vers Paris, c'est nous faire accuser de la donner comme cortége à l'Empereur pour sauvegarder sa personne; de n'avoir qu'une pensée, un mobile, le salut de la dynastie en sacrifiant l'honneur, le sort de la patrie. Tout cela, je vous le déclare, mes chers collègues, révoltait mon bon sens et ma conscience, et, réduisant ma pensée à sa plus simple expression, je me disais. Lorsqu'un homme tombe dans un gouffre, dix citoyens courageux s'y précipitent pour le sauver, et ils périssent souvent avec lui; lorsqu'un vaisseau est pris, engagé dans les glaces à deux mille lieues de la métropole, on dépêche dix équipages, on expose l'existence de milliers d'hommes pour le dégager ou rechercher les épaves du navire, les ossements des naufragés ; et, avec une armée de près de 180,000 soldats en formation, avec cet esprit de vengeance patriotique qu'un échec donne toujours aux hommes de notre nation, nous irions abandonner 150,000 Français en proie à toutes les tortures de la faim, de la capitulation et de la captivité, sans avoir rien tenté, rien pour les sauver ?

Le moment était solennel, la décision devait être prompte lorsque des hommes politiques acceptent *sans bénéfice d'inventaire* la situation des affaires, en de telles extrémités, n'aspirant qu'à une récompense, celle d'avoir coopéré à sauver la patrie, ils doivent faire abnégation d'eux-mêmes, et compter pour rien leur existence et leur avenir. Je vous le demande, Messieurs ; supposez un instant que nous eussions donné le signal de la retraite vers Paris ! Veuillez reporter vos souvenirs à l'époque, à l'heure, où nous étions appelés à décider ? de quelle façon se serait manifestée l'opinion publique sur ce mouvement de retraite ; qu'eussent dit ces hommes décidés à tout pour renverser ?

Ils n'eussent pas manqué de profiter de notre faute pour ameuter contre nous les sentiments de patriotisme déjà très-surexcités, en déclarant que nous venions de sacrifier la France à la dynastie ; ils eussent ajouté, avec quelque raison, cette fois, Paris n'est pas la France, le danger n'est pas à Paris ; en agissant ainsi, vous commettez une lâcheté envers l'armée et une félonie envers le pays.

Et, incontestablement, nous hâtions l'action révolutionnaire, sans honneur pour la patrie, et sans avoir rien tenté pour sauver notre armée, bloquée sous les murs d'une ville française.

Nos discordes, on le sait, mais on l'a trop oublié, centuplent les chances de nos ennemis.

Cette vérité n'est que trop démontrée aujourd'hui.

Il me suffira, pour vous en donner la preuve, de rappeler la conduite du comte de Bismarck le 31 octobre dernier.

Au moment où il allait signer l'armistice, il apprend le mouvement populaire qui a lieu dans Paris et se refuse, dès lors, à toute adhésion ; et durant trois longs mois, des milliers de soldats tombent sur les champs de bataille, des milliards sont dépensés en pure perte.

C'était donc pour nous un devoir impérieux d'éviter tout acte qui pût amener un mouvement révolutionnaire, et de nous servir des forces vives pour combattre et repousser les envahisseurs.

Je craindrais, Messieurs, d'entrer dans des détails compliqués et sujets à discussion, si je tentais de vous dire ce qui s'est passé jour par jour, depuis le départ de notre armée pour Sedan. Je me bornerai à vous indiquer, d'une façon très-succincte, quelques faits dans leur ordre chronologique, pour rendre plus compréhensible le récit des événements qui se sont déroulés, pour ainsi dire, sous mes yeux.

Les Prussiens maintenaient Bazaine sous les murs de Metz ; ils croyaient l'armée de Mac-Mahon complétement détruite ; le prince royal de Prusse se dirigeait vers Paris, dont il comptait commencer l'investissement ; il était loin de se douter de la rapidité avec laquelle l'armée de Châlons s'était reconstituée pour se mettre en campagne.

Le général Ministre de la Guerre était chaque jour tenu au courant des progrès de cette réorganisation et de la marche de l'ennemi ; nous avions, au début, trois jours d'avance sur l'armée du prince royal ; nous hâtions le départ du général Vinoy et l'organisation du corps du général Renault.

Maintenant, de quelle façon l'opération a-t-elle été conduite par les chefs militaires qui y présidaient ?

C'est ici, Messieurs, que mon récit et mes appréciations doivent faire place à vos recherches, qui se porteront sans doute sur le côté militaire de cette entreprise.

L'enquête vous apprendra si la marche a été aussi rapide, la direction aussi intelligente que le nécessitaient les circonstances ; quelle est la cause et la nature des hésitations qui se sont produites ; si toutes les précautions ont été prises, toutes les garanties assurées dès le début pour la mise en œuvre du plan ; quelles sont les défaillances qui se sont révélées ; les incidents qui ont surgi et qui, pour me servir des expressions d'un grand publiciste, étaient de nature à tromper toute prévision humaine !

Depuis la catastrophe, beaucoup d'hommes de guerre ont discuté ces questions, indiqué des fautes commises ; mais, ce qu'il y a de certain, c'est qu'il n'est pas arrivé à ma connaissance que M. le maréchal Mac-Mahon se soit opposé à cette marche ; il avait certainement trop de patriotisme pour la faire s'il ne l'eût pas cru exécutable ; il s'y est décidé par suite d'une dépêche de Bazaine, lui indiquant qu'il venait de se diriger vers le nord.

Il est absolument nécessaire de vous rappeler que le général Trochu, parti à la tête du 12e corps, au lieu d'en accélérer l'organisation, au lieu de devenir, ainsi qu'on avait lieu de l'espérer, l'âme de l'entreprise, d'imprimer partout l'activité, l'enthousiasme et le patriotisme, revenait quelques jours plus tard prendre le commandement de Paris, et qu'il avait jeté l'incertitude là où l'implacable résolution devait dominer. Le temps était précieux et pouvait décider de la victoire.

Le Général Trochu ne recule pas devant la responsabilité de créer une compétition de plans ; il entrave la marche en avant et détermine par ses conseils un mouvement de retraite de l'armée de Châlons vers Reims ; et, outre les trois jours perdus durant cette marche, il en fait perdre trois autres. Qu'il me soit permis de rappeler encore que le général Ministre de la Guerre, prévoyant le cas où le maréchal Mac-Mahon serait blessé ou tué, avait choisi le général Trochu pour le remplacer.

Revenu inopinément au cœur de la Capitale, ce général créait un vide qu'il fallait combler ; ce fut alors qu'on se vit forcé, au dernier moment, d'appeler le général Wimpffen du fond de l'Algérie.

Maintenant, je vais aborder l'ordre des faits relatifs aux journées des 3 et 4 septembre.

Les uns sont positifs, je les affirme ; les autres sont arrivés indirectement à ma connaissance ; il vous appartiendra d'en vérifier l'exactitude. Ces faits peuvent se diviser en deux catégories : ceux que ma position spéciale m'a permis de savoir et ceux qui se sont produits publiquement. Je ne ferai qu'indiquer ces derniers, ils me serviront à mieux coordonner mon récit.

On a demandé quel jour et à quelle heure le conseil des Ministres avait appris la reddition de Sedan et la captivité de l'Empereur.

C'est le samedi 3 septembre, vers cinq heures du soir. Avant ce moment, je l'atteste, rien n'avait été appris par nous officiellement, rien n'avait transpiré qui pût nous le faire croire. Je dis nous, car je comprends le conseil des Ministres tout entier, et j'avais appris à ne pas douter de la loyauté et de la sincérité de mes collègues.

Le 3 septembre, avant huit heures du matin, le conseil des Ministres était réuni, il continuait à prendre des dispositions pour compléter nos armées, la défense et l'alimentation de Paris. A deux heures, la plupart des Ministres se rendirent au Corps législatif; ceux présents à la séance recevaient, comme chaque jour, les bordées de l'opposition, et renouvelaient l'assurance déjà donnée de ne prendre aucune mesure politique extra-légale.

Je ne m'étendrai pas sur les incidents qui se sont produits à cette séance, ils sont relatés au Journal officiel.

Vers cinq heures, les Ministres furent prévenus qu'il y avait séance du Conseil aux Tuileries; là, ils apprirent la vérité par une lettre que leur communiqua le Ministre de la Guerre; ainsi que je l'ai déclaré à la tribune, les Ministres de la Guerre et de l'Intérieur, seuls, recevaient les dépêches, qu'ils communiquaient ensuite à leurs collègues.

La missive reçue ne contenait aucun détail, ne renfermait aucun commentaire; elle vous passera sans doute sous les yeux.

Quelles étaient les dispositions immédiates à prendre dans un aussi terrible moment?

Le manque de détails nous plongeait dans une angoisse profonde.

Nous prîmes les mesures nécessaires pour retarder la marche de l'ennemi, décidés à combattre jusqu'au moment où la raison et les lois de l'humanité nous forceraient à nous arrêter.

Une circulaire fut rédigée pour apprendre au pays le véritable état des choses.

Il est encore un point, Messieurs, qui a beaucoup attiré l'attention, je veux le spécifier d'une manière nette et simple.

Le Corps législatif a été convoqué pour une séance de nuit du 3 au 4 septembre; il est incontestable que cette séance a pris tout le monde au dépourvu.

Comment, par quel ordre cette séance a-t-elle eu lieu?

J'ignore si mes collègues du Ministère ou de la députation ont été régulièrement prévenus; pour moi, je sortais du Ministère vers onze heures du soir, pour me rendre aux fortifications, lorsque je rencontrai, rue de Bourgogne, deux de mes collègues, MM. de Guilloutet et Marey-Monge qui m'apprirent que le Corps législatif venait d'être convoqué pour minuit.

Je me rendis aussitôt chez le Président; j'y trouvai un grand nombre de nos collègues de l'Assemblée; la nouvelle venait de se répandre; on la commentait et, au milieu d'une émotion bien naturelle, chacun donnait son avis.

La séance de nuit vous est connue, mon récit pourrait en atténuer ou en altérer l'exactitude. Après avoir pourvu à toutes les nécessités de service, le lendemain, le conseil des Ministres se réunit et décida que l'on porterait au Corps législatif un décret nommant le Ministre de la Guerre lieutenant général de l'Empire, donnant au Corps législatif le droit de désigner une commission exécutive en ne laissant à la Régente que la prérogative du contre-seing des choix faits par la Chambre.

Je laisse pour mémoire la question de déchéance, et je ne m'attache qu'à la proposition de l'honorable M. Thiers qui différait peu de celle du Ministère; les deux propositions, vous le savez, ont été discutées dans les bureaux, et lorsque nous en sommes revenus, les tribunes de la Chambre étaient envahies par les précurseurs de l'émeute qui interpellaient ou insultaient le Président et les députés; toute discussion libre devenait impossible; des coups redoublés retentissaient aux portes; quelques-uns de nos collègues nous apportaient leurs appréciations, nous apprenaient que la garde nationale avait levé la crosse en l'air; et en effet, le flot populaire devint bientôt immense et terrible, il se répandit dans l'enceinte même de l'Assemblée. — Le Président leva la séance; j'assistai aux différentes phases de l'envahissement et j'admirai la digne et énergique attitude de M. Schneider.

Je ne vous rappelle ici que ce que vous savez déjà; j'étais resté sur mon banc, j'ignorais alors les détails des faits qui se passaient au dehors ; les moyens que l'on employait pour forcer l'Assemblée ; d'autres viendront vous les raconter.

J'entre maintenant dans une série de faits arrivés à ma connaissance par suite de conversations, je ne peux vous en certifier l'exactitude ; ils vous serviront de jalons pour parvenir à découvrir la vérité.

J'étais resté à Paris après le 4 septembre ; j'y rencontrai quelques-uns de mes collègues de la députation, entre autres : MM. Goerg, le comte d'Hesecques (de la Somme), Monnier de la Sizeranne. Tous, surtout M. Goerg, m'apprirent le fait suivant que je vous prie de contrôler :

Est-il vrai qu'une lettre aurait été trouvée adressée à un député de l'opposition, aujourd'hui Ministre, membre du cabinet actuel ? Cette lettre, communiquée à plus de quarante députés dispersés aujourd'hui sur tous les points de la France, signée par un des maires de la banlieue, contenait ces mots :

« J'ai l'honneur de vous apprendre que, selon votre désir, j'envoie à l'Assemblée la garde nationale à midi, etc. »

Y avait-il ces mots : *qui se tiendra à votre disposition ?* le souvenir m'en reste sans que je puisse l'affirmer cependant.

D'un autre côté, M. le général Lebreton, dès qu'il vit poindre le danger, remplissant son plus strict devoir de questeur, se rendit avec son collègue, M. Hébert, chez M. le général Trochu pour le supplier de venir protéger l'Assemblée. Est-il vrai que ce dernier, causant avec son aide-de-camp, aurait fait attendre le questeur plus de trois quarts d'heure dans son antichambre, disant qu'il avait tenté de se rendre à l'Assemblée, qu'il en avait été empêché par la foule ; malgré les vives observations des deux questeurs, le général Trochu se serait-il refusé à faire une autre tentative ?

Est-il vrai que l'honorable député Estancelin ait fait auprès du général Trochu les instances les plus vives pour l'engager à venir au plus tôt, lui prédisant d'affreux malheurs s'il ne se rendait pas là où son devoir l'appelait ?

Le général aurait répondu au député Estancelin ce qu'il avait répondu déjà aux questeurs ; il persista même, lorsque

M. Estancelin lui répliqua : « Pourquoi ne pourriez-vous donc pas y aller, puisque j'en viens? »

Est-il vrai qu'à midi et demi des députés, parmi lesquels se trouvaient M. le comte Daru, M. le marquis de Talhouët, M. Buffet et M. Kolb-Bernard, se soient rendus auprès de la Régente pour la prier d'adopter la proposition de M. Thiers (ce qu'elle accepta), et que ces députés aient pu aller et venir facilement du Corps législatif aux Tuileries?

Est-il vrai, ainsi que me l'assura le premier secrétaire du duc de Bassano, dans la première quinzaine d'avril dernier, à Versailles, que le 4 septembre, une lettre ou une dépêche soit parvenue au Ministère des Affaires étrangères, au prince de la Tour-d'Auvergne, dépêche dans laquelle l'Empereur de Russie aurait déclaré ou fait déclarer que la guerre devait prendre fin, qu'il désirait éviter les révolutions, maintenir la dynastie, faire respecter l'équilibre européen et l'intégrité du territoire Français?

Je n'ai pas vu la dépêche; mon interlocuteur m'a loyalement déclaré qu'il ne l'avait pas vue lui-même, mais qu'il avait eu en main les deux lettres répondant à cette dépêche. C'est à vous, Messieurs, à éclairer ce fait, qui peut paraître important. N'a-t-on pas lieu de croire que c'est cette même dépêche qui, tombée entre les mains du nouveau Ministre des Affaires étrangères du 4 septembre, lui a donné l'idée, quelques jours après, certain d'être appuyé par un allié puissant, de dire au sortir d'une conférence avec le comte de Bismarck : « Nous ne céderons ni un pouce de notre territoire ni une pierre de nos forteresses » ?

Est-il vrai que, dans la deuxième quinzaine de janvier, M. de Bismarck, après une conférence qu'il eut avec M. Jules Favre pour l'armistice, conférence à laquelle M. Bisson, sous-directeur du chemin de fer de l'Est, aurait assisté pour le règlement de détails concernant les approvisionnements, M. de Bismarck aurait dit au Ministre des Affaires étrangères : « Eh bien, Monsieur le Ministre, êtes-vous décidé, selon mon conseil, à désarmer la garde nationale? les nécessités de notre politique nous obligent, en ce moment, à ne vous laisser que 12,000 hommes armés, et vous avez plus de 300,000 gardes nationaux sous les armes, décidés à tout, exaltés, prêts à se porter à tous les excès? Veuillez-en croire un homme politique qui connaît les dangers des excès populaires et la fureur des masses, lorsqu'elles sont déchainées, désarmez votre garde nationale ; j'offre de vous laisser un contingent plus considérable de troupes régulières. »

M. Jules Favre aurait répondu au comte de Bismarck, devant M. Bisson : « Je crois devoir refuser, les principes s'y opposent ». Ils se quittèrent ainsi.

Voilà les faits principaux, Messieurs, qui sont arrivés jusqu'à moi, et qui peuvent servir à éclairer vos consciences, à profiter à l'histoire, et à nous rendre peut-être plus sages et plus prévoyants dans l'avenir.

M. le comte Daru. — Vous venez de nous parler d'une dépêche ou d'une lettre arrivée au Ministère des Affaires étrangères, le 4 septembre, et qu'aurait trouvée M. Jules Favre sur son bureau ; êtes-vous sûr de ce que vous avancez ?

M. Jules Brame. — J'ai eu l'honneur de dire à la Commission, en entrant dans cet ordre de faits nouveaux, qu'ils se composaient pour moi de deux catégories : ceux que je savais pertinemment *de visu* ; ceux qui m'avaient été répétés.

Il existe une grande différence entre ces deux sortes de faits, bien que je cite le nom des personnes qui me les ont rapportés.

Je suis certain que le fait de la dépêche que je vous ai citée m'a été donné par le secrétaire de M. le duc de Bassano.

M. le comte Daru. — Ce secrétaire avait-il lu la dépêche ?

M. Jules Brame. — J'ai pris la précaution de dire non ; mais cette personne m'a déclaré avoir eu en main deux lettres de l'Impératrice écrites à l'Empereur de Russie, dans lesquelles l'Impératrice disait : qu'il ne fallait plus songer à la dynastie, qui avait été obligée de quitter le sol Français, et qu'elle priait l'Empereur de ne songer qu'à sauver la France.

Je n'étais pas entré dans ce détail, on en comprendra le motif. Je ne veux pas étendre indéfiniment le récit, ni paraître faire un plaidoyer. Je veux m'en tenir à la vérité.

M. le comte Daru. — Quand vous a-t-on rapporté ces faits ?

M. Jules Brame. — Dans la première quinzaine d'avril,

je crois, une première fois dans la rue des Réservoirs, une seconde fois sur le boulevard de la Reine.

J'ai pris, en quittant le secrétaire de M. de Bassano, la précaution de m'assurer que cette qualité appartenait bien à la personne à qui je venais de parler.

Un membre. — Croyez-vous que la personne que vous désignez pourrait affirmer que cette dépêche ait été remise à M. Jules Favre?

M. Jules Brame. — Je suis heureux que l'on précise ainsi les questions, afin de ne pas m'exposer plus tard aux reproches de n'avoir pas été suffisamment catégorique; mais votre question m'oblige à reprendre le récit du secrétaire du duc de Bassano. Il est arrivé, m'a-t-il dit, le 4 au soir, une dépêche émanant de l'Empereur de Russie, ou une lettre exprimant la pensée de l'Empereur. Cette dépêche contenait à peu-près ces mots : « Je vais intervenir, afin que la dynastie soit maintenue, et qu'il n'y ait aucun amoindrissement de territoire. » Avez-vous lu la dépêche, lui ai-je demandé? « Non, me répondit-il; mais j'ai eu entre les mains les lettres qui ont été répondues par l'Impératrice. L'existence de la dépêche ou de la lettre russe est pour moi un fait avéré. »

On m'a assuré que cette personne était digne de foi.

M. Antonin Lefèvre-Pontalis. — Vous aviez ajouté que la dépêche avait été remise à M. Jules Favre par M. le prince de la Tour-d'Auvergne.

Nous pourrions interroger à ce sujet le secrétaire du prince qui était, je crois, M. le comte de Chaudordy.

M. Jules Brame. — Les deux faits que me rapportait le secrétaire du duc étaient en quelque sorte palpables; le troisième, la remise à M. Jules Favre, était une conséquence qui se déduisait logiquement des deux premiers faits.

Nous n'avions quitté nos Ministères que dans la soirée du 4. J'ai moi-même quitté M. le prince de la Tour-d'Auvergne, ce soir-là même, vers huit heures, chez le Président du Corps législatif. Il retournait à son Ministère et moi au mien.

Je ne l'ai pas revu depuis cette époque.

M. le prince de la Tour-d'Auvergne était le plus loyal des

hommes, il ne se serait jamais approprié un document public.

Un membre. — Voulez-vous que nous fassions venir le secrétaire du duc de Bassano?

M. Jules Brame. — Si je veux que vous le fassiez venir! mais c'est votre droit; et je crois que c'est non-seulement votre droit, mais votre devoir.

M. le comte Daru. — Je m'étonne que dans les conversations que nous avons eues vous et moi sur les événements du 4 septembre, vous ne m'ayez jamais dit un mot de ce fait.

M. Jules Brame. — Nous étions, à l'époque où ce propos m'a été répété, poursuivis par les préoccupations que nous donnaient les actes de la Commune. Le cours des conversations ne se reportait plus sur les événements du 4 septembre, mais sur ceux du 18 mars. C'est ce sujet qui occupait plus particulièrement alors l'honorable comte Daru et moi.

J'ai retenu le fait de la dépêche pour le produire en temps et lieu, car j'en comprenais toute l'importance.

M. le comte de Rességuier. — Pour nous, le plus important en ce moment est de savoir si la dépêche a été remise à M. Jules Favre.

M. le comte Daru. — M. Jules Favre déclare qu'il ne l'a pas reçue.

M. le général d'Aurelle de Paladines. — Permettez-moi de vous dire quelques mots qui viennent à l'appui de ce qui a été dit à l'instant.

Il m'a été affirmé, par une personne que je considère comme bien informée et très-digne de foi, que la dépêche existait, qu'elle a été envoyée au prince de la Tour-d'Auvergne, qu'il l'avait laissée sur son bureau, et que, n'ayant pu rentrer au Ministère des Affaires étrangères, il aurait dit : « Telle dépêche est restée sur mon bureau. »

Lorsqu'on a interrogé **M. Jules Favre,** il a répondu qu'il n'avait pas eu communication de cette dépêche. On ne peut malheureusement interroger M. le prince de la Tour-d'Auvergne, puisqu'il est mort; mais je crois qu'il aurait affirmé que la dépêche était restée dans son cabinet, puisqu'il n'était pas rentré au Ministère.

Un membre. — Oui, mais vous savez aussi qu'il a été dit que M. Jules Favre n'était pas entré dans le cabinet jusqu'à l'arrivée du prince de la Tour-d'Auvergne, et qu'ils y étaient entrés tous les deux ensemble.

M. Chaper. — Je crois, M. le Président, que vous connaissez l'existence de cette dépêche.

M. le comte Daru. — Je ne connaissais pas la conversation de M. Brame avec le premier secrétaire d'ambassade de M. le duc de Bassano; je ne connaissais pas les réponses de l'Impératrice; je ne savais pas si la dépêche dont on parle était de l'Empereur de Russie ou du prince de Gorstchakoff. La seule chose que je puisse dire, c'est que j'ai rencontré M. le prince de la Tour-d'Auvergne le 4, à dix heures du soir, dans le jardin de la Présidence; nous causâmes de ce qui se passait, de l'impression que ces événements allaient produire en Europe; il me dit qu'il avait reçu une dépêche de Russie (je ne me rappelle pas si elle était du général Fleury ou du prince Gorstchakoff), dans laquelle l'Empereur manifestait les meilleures dispositions pour la France, pour le maintien de l'intégralité de notre territoire.

Un membre. — Je crois, Monsieur le comte, que vous avez même ajouté ces paroles du prince de la Tour-d'Auvergne : « C'est une pièce que mon successeur a trouvée dans mon cabinet.

M. le comte Daru. — Oui.

M. Jules Brame. — Eh bien! vous avez eu connaissance de ce fait le 4 septembre 1870. — Je ne l'ai connu que dans le courant du mois d'avril de l'année suivante ; et ce qu'a dit M. le prince de la Tour-d'Auvergne est clair et explicite.

Si on met en ligne de compte les nécessités diplomatiques et le sentiment de conservation personnelle, on comprendra que le prince de la Tour-d'Auvergne mort, il ne restait plus que deux intérêts en présence qui, de contraires qu'ils pouvaient être d'abord, sont devenus plus tard complétement identiques.

L'Empereur de Russie manifeste tout d'abord sa volonté de ne pas laisser porter atteinte, par les victoires de la Prusse, à l'équilibre européen; il exprime cette intention dans une dépêche.

La retraite du prince de la Tour-d'Auvergne fait tomber le document entre les mains du nouveau Ministre des Affaires étrangères qui, confiant dans un aussi puissant appui, se décide, sans consulter même ses collègues, dit-il, à se présenter au comte de Bismarck. Là, devant lui, se conforme-t-il à toutes les règles de courtoisie que commandent les convenances diplomatiques vis-à-vis d'un vainqueur ? M. de Bismarck nous l'apprendra plus tard. Mais il arrive, et basant sans doute ses espérances de succès sur la dépêche, il se croit en droit de jeter à la Prusse ce défi : « Pas un pouce de notre territoire, pas une pierre de nos forteresses. » Et cela, lorsque la Prusse occupait la France avec un million d'hommes, lorsqu'elle était sous les murs de Paris, et lorsque nos armées étaient anéanties.

La Prusse continue le cours de ses victoires; le fait est accompli, l'Empereur de Russie observe alors une neutralité complète; et M. Jules Favre, s'étant trompé une fois de plus, ne se rappelle pas la dépêche qu'il a reçue.

M. le Président. — Je crois que nous devons clore en ce moment cet incident. Je vous prie, Monsieur Brame, de reprendre la suite de votre récit.

M. Jules Brame. — J'ai terminé, M. le Président, le récit des faits principaux.

Si la Commission désire m'interroger sur l'ensemble des faits et sur leur appréciation, je suis prêt à répondre; j'en étais resté, je pense, à la fin de la séance du 4 septembre.

Il est un incident que j'ai omis.

Il peut avoir son importance. Au retour des bureaux, nous rendant dans la salle des séances, déjà les portes du Corps législatif étaient attaquées, on tentait de les briser pour s'y introduire, une grande agitation s'était manifestée parmi les membres de l'opposition.

Notre collègue M. Grévy était seul sur son banc, paraissant accablé des plus pénibles pensées. Je l'abordai. « Eh bien, me dit-il, mon cher ami, nous y voilà.

» J'ai fait tout ce qui a dépendu de moi pour empêcher ce mouvement. Dieu sait comment nous sortirons de cette horrible situation.

» J'aurais voulu, dit-il, voir arriver la République d'une façon légale et non par la révolution. »

Il y a de longues années que j'ai l'honneur de connaître M. Grévy, tous nous avons suivi sa longue carrière ; nous avons su apprécier la noblesse de son caractère et ce degré d'honnêteté politique qui, joint à un grand talent, en fait un homme si remarquable. Je fus frappé, mais non étonné de ses paroles.

J'ai bien entendu parler, sans pouvoir rien préciser à ce sujet, d'une réunion qui aurait eu lieu rue de la Sourdière, m'at-on dit, réunion où auraient assisté MM. Delescluze et Blanqui. C'est de là que, dans la nuit du 3 au 4 septembre, seraient partis les ordres donnés aux chefs de sections pour la réunion du lendemain.

C'est à vous, Messieurs, qu'incombe la mission de savoir avec précision la vérité sur ce point; déjà, sans doute, ces faits sont arrivés par d'autres sources à votre connaissance.

Mais un grand enseignement ressort de tout ceci. Ceux qui profitent d'une occasion pour escalader le pouvoir, sont toujours, à une heure donnée, frappés de vertige et d'impuissance. Ceux qui, au contraire, respectent les lois de leur pays, malgré les opinions qui les dominent, auront toujours sous les yeux, pour exemple et pour encouragement, les marques d'estime et de considération que les représentants du pays ont données au président Grévy.

Cette conduite de M. Grévy fait contraste avec celle de beaucoup d'autres.

M. Lefèvre Portalis. — Je désirerais poser une question à M. Brame.

M. Brame sait très-bien que c'est le 3 septembre, vers quatre heures du soir, que le bruit s'est répandu que l'Empereur était fait prisonnier. La Chambre s'est réunie à une heure du matin, et c'est malgré la résistance du Gouvernement que la séance à eu lieu. M. Schneider était très-embarrassé pour convoquer les députés, car il avait promis au général comte de Palikao que la séance n'aurait lieu que le lendemain.

M. Brame pourrait-il nous dire si c'est par suite d'une délibération du conseil des Ministres que rien ne fut proposé à la Chambre, et que le général Palikao fit une déclaration qui surprit beaucoup de monde?

M. Antonin Lefèvre Pontalis. — L'histoire trouvera certainement singulier que, lorsqu'il y avait un Ministère chargé de la sécurité du pays, depuis quatre heures jusqu'à une heure de la nuit aucune décision n'ait été prise, et que le général de Palikao ait fait remettre la séance au lendemain.

M. Jules Brame. — Je me suis appliqué tout à l'heure à bien préciser les faits qui étaient à ma connaissance, tels qu'ils se sont passés depuis le moment où le Conseil des ministres s'est réuni, le 3 septembre, à cinq heures, au Château. Je m'en rapporte à ce récit qui contient l'exacte vérité ; et je vais maintenant répondre à ce que demande l'honorable M. Lefèvre-Pontalis. Je le répète, j'ignore complétement encore aujourd'hui quelle est l'autorité, quels sont ceux qui ont cru devoir convoquer la Chambre pour minuit. J'affirme de la façon la plus nette que, non-seulement le conseil des Ministres n'a opposé aucune résistance, aucun refus à la réunion de la Chambre à cette heure, mais qu'il n'y a eu aucune décision à ce sujet, puisqu'aucune demande n'est arrivée jusqu'à nous. Les Ministres n'ont été prévenus eux-mêmes qu'au dernier moment et par occasion. Je crois qu'ils étaient en petit nombre à la séance de nuit ; car les décisions qui avaient été prises en conseil des Ministres, de cinq à huit ou neuf heures du soir, devaient être mises à exécution ou surveillées par chacun des membres du Cabinet. L'honorable M. Lefèvre-Pontalis nous demande ce que nous avons fait de cinq heures, moment où nous avons appris la nouvelle, jusqu'à minuit, heure à laquelle le Corps législatif s'était réuni.

Nous nous sommes occupés des Prussiens, des moyens de les combattre et de retarder leur marche, des dernières dispositions à prendre pour sauvegarder les intérêts de la France. Ceux qui se trouvent dans de pareilles circonstances, atteints d'un pareil coup, peuvent seuls juger de la multiplicité des dispositions qui doivent être prises. Vous le savez, Messieurs, deux Ministres seuls recevaient les dépêches : c'étaient le Ministre de la Guerre et celui de l'Intérieur. Peut-on supposer que la dernière dépêche ait été cachée pendant quelques heures? Je ne le crois pas. Et je suis forcé de le répéter, ce n'a été que la division du travail qui nous a permis d'obtenir les résultats considérables auxquels nous sommes arrivés en si peu de temps. Ainsi, souvent j'étais seul à la tribune pour répondre aux interpellations. Pensez-vous que mes collègues restaient inactifs?

M. Antonin Lefèvre-Pontalis. — Vous y êtes aussi resté seul le 4 Septembre.

M. Jules Brame. — Je remercie M. Lefèvre-Pontalis de sa bienveillante observation. J'y suis resté jusqu'à la fin avec M. le Ministre de la Guerre ; et je dois à la vérité de déclarer que trois autres de mes collègues étaient au dehors, stimulant les chefs militaires et les questeurs pour s'efforcer de sauvegarder l'Assemblée ; que trois autres s'étaient transportés aussitôt aux Tuileries pour tenter de sauver l'Impératrice qui eût été égorgée, si par eux elle n'eût été prévenue à temps ; plus tard, vous apprendrez les détails de sa retraite. Vous demandez ce que nous avons fait ; mais, vous le savez bien, une détermination en Conseil, où il faut délibérer, ne se prend pas avec la rapidité que comporte la décision d'un seul. La circulaire qui apprenait la vérité au pays a été rédigée aussi rapidement que possible.

Plusieurs Membres. — Elle a été affichée à quatre heures du matin.

M. Jules Brame. — C'est possible ; mais elle n'a dû parvenir à l'imprimerie qu'à dix heures, à onze heures, peut-être ; et vous connaissez les nombreux détails que nécessite cette opération. Dès onze heures, la plupart des Ministres étaient chez le président du Corps législatif, ils sont restés à la séance ou à l'Assemblée jusqu'à cinq heures du matin. Il est incontestable que tout le temps que nous avons donné à l'Assemblée a été perdu pour l'organisation de la défense. Du reste, rien n'a été dissimulé dans nos décisions. Plusieurs membres du Cabinet étaient d'avis d'adjoindre des députés au conseil des Ministres. Je sais que quelqu'un a osé dire qu'on méditait un coup d'État, et que l'opposition n'avait poussé à la révolte que pour l'éviter.

Je taxe cette assertion de fausseté; je donne le démenti le plus formel, et je porte le défi à qui que ce soit de donner la moindre preuve qu'il ait jamais été question d'une pareille mesure; c'était une manœuvre de parti, et aujourd'hui, cependant, il se trouve des personnes qui nous reprochent de n'avoir rien fait; il faut cependant s'entendre.

Plusieurs membres de l'opposition extrême avaient émis cette pensée devant moi quand j'étais au Ministère. J'avais deviné le prétexte et je leur avais répondu : « Je vous ai fait préparer des appartements chez moi, rue Tronchet, 25; venez-y, on n'osera pas aller vous prendre chez un Ministre. »

Ils ont compris que je les avais devinés, ils sont restés chez eux.

J'expose les faits, Messieurs, en les coordonnant autant que possible; mais des souvenirs divers viennent se heurter dans ma tête. Je vous en dois un qui est relatif au 4 septembre.

Le général Ministre de la Guerre avait horreur des masses mal armées, et constamment on nous citait la défense de 1792, sans tenir compte des différences et des progrès que le temps avait amenés. Je me rappelle que dans le dernier conseil, le Ministre de la Guerre se rendant compte de la situation de nos armées anéanties, nous dit ces mots : « Faire une défense honorable, et après, la paix deviendra peut-être indispensable; car la guerre de partisans n'est pas possible en France quand les armées régulières ont disparu. » C'est le même langage qu'ont tenu plus tard, à Lille, les généraux Desaint, Bourbaki et Espivent.

Un Membre. — Je voudrais faire remarquer combien le général Palikao est passionné. Il vous a dit qu'on ne pouvait pas combattre avec des masses, et il a fait un crime au général Trochu de ramener 18 bataillons de la mobile de Paris, qui étaient incapables de marcher et ne savaient rien de l'état militaire. Il voulait les engager dans la bataille de Sedan. Le général Trochu a empêché le maréchal Mac-Mahon d'avoir là une masse inerte, impossible à manier, et qui l'aurait considérablement gêné. Voila comment des hommes passionnés les uns contre les autres, peuvent être amenés à des contradictions.

M. Jules Brame. — Peut-on appeler une masse inerte des jeunes gens de 25 ans qui, depuis plusieurs mois, étaient sous les armes organisés, et qui étaient munis de chassepots; des Parisiens ardents, vigoureux, toujours animés d'un grand courage devant l'ennemi?

L'histoire nous en fournit maints exemples : des bataillons de mobiles de province se sont héroïquement conduits dans le Nord et à l'armée de la Loire. La masse inerte! c'est la multitude de tout âge, munie de toutes armes, sans discipline, sans organisation, sans vivres, sans chefs! Quant à la passion qui aurait dominé le général de Palikao contre le général Trochu, pendant vingt-cinq jours je n'en ai pas vu l'apparence; veuillez vous rappeler sa bienveillance à son égard dès le début. Si vous vous refusez à me croire, c'est alors aux deux généraux qu'il faut vous adresser.

Le même Membre.. — Ce reproche ne s'adresse pas à vous. C'était une simple observation que je voulais faire à propos de ce que vous avez dit.

M. le comte Daru. — Quand on a obtenu de M. Schneider la convocation de la Chambre dans le courant de la soirée du 3 septembre, le conseil des Ministres n'était-il pas réuni chez le général de Palikao? Il a dû être informé que la Chambre était convoquée pour minuit; il aurait dû apporter quelque résolution. Ce n'était pas le moment de s'occuper des mesures que pouvait nécessiter le désastre de Sedan.

M. Antonin Lefèvre-Pontalis. — Permettez-moi d'ajouter une observation. J'étais avec plusieurs de mes collègues chez le Président du Corps législatif, à huit heures du soir, et vers neuf heures, quand on décida que la Chambre serait convoquée à minuit, le Président nous dit : « Je vais en instruire le conseil des Ministres. »

Nous sortîmes, croyant que cela était fait; si nous avons éprouvé un étonnement à la séance de nuit, ça été d'abord que le Conseil n'ait pas été informé de la réunion de la Chambre, il aurait pu lui apporter immédiatement les résolutions qu'il fallait lui présenter pour prévenir la révolution. Mais nous avons été bien plus étonnés que le conseil des Ministres n'ait pas demandé que la séance du lendemain eût lieu à huit ou neuf heures du matin et l'ait laissé fixer à deux heures, c'est-à-dire au moment où le ban et l'arrière-ban de la révolution étaient convoqués.

M.. Jules Brame. — Qu'il me soit permis de répondre d'abord à M. le comte Daru; il vient d'entendre M. Lefèvre-Pontalis nous déclarer que c'est à huit heures qu'on s'est rendu chez le Président pour lui demander une convocation de la Chambre, que c'est à neuf heures que le Président a déclaré qu'il allait en donner avis au conseil des Ministres : ce n'est qu'à dix heures que les Ministres ont pu être prévenus, ils étaient tous dispersés en ce moment. Il leur eût donc été impossible, sans s'être vus, de prendre une décision. J'ajouterai, en réponse à M. Lefèvre-Pontalis, que les coupables n'ont point été les Ministres ni M. le Président de la Chambre, mais bien ceux qui ont sollicité, usé de pression sur ce dernier, pour obtenir cette séance de nuit, sans que le Gouvernement eût été averti ni consulté; puisque, je le répète, ce n'est qu'à onze heures que j'ai été prévenu, par hasard, par deux de mes collègues. Si le Président avait opposé un refus, les auteurs du 4 septembre s'en seraient fait une arme et n'eussent pas manqué de se répandre dans Paris pour réunir les chefs de la révolution et leur donner le mot d'ordre.

Le Ministère, dit M. Lefèvre-Pontalis, n'a pas demandé la réunion à huit ou neuf heures du matin; mais il n'ignore pas que c'est la Chambre elle-même qui, cette nuit, a fixé impérativement l'heure de la réunion pour le lendemain à midi, et que les mesures à prendre dépendaient des nouvelles que nous devions recevoir dans la matinée du lendemain. M. le comte Daru me demande pourquoi on n'a pas fait revenir le corps du général Vinoy. J'ignore si cet ordre, qui était de la compétence du Ministre de la Guerre, a été donné. J'ignore également s'il n'entrait pas plutôt dans les combinaisons du Ministre de diriger ce corps d'armée sur un point où il eût été peut-être plus utile comme moyen d'attaque, après l'investissement, que dans l'intérieur de Paris. En tout cas, le corps du général Vinoy a commencé à rentrer à Paris vers le 8 septembre; nous n'étions plus là, j'ignore qui a donné l'ordre du retour dans l'enceinte de Paris.

Un Membre. — Permettez-moi d'insister : depuis nos premiers désastres, l'horizon politique paraissait sombre, même aux hommes de la dynastie ; je voudrais vous demander si le général Ministre de la Guerre et le conseil des Ministres n'avaient rien prévu de ce qu'il faudrait faire en cas de malheur ?

M. Jules Brame. — J'ai déjà eu l'honneur de dire à la Commission que la plus grande partie de nos efforts tendait à éviter les désastres militaires, en envoyant à l'armée tout ce qu'il y avait de solide et d'aguerri, nous soumettant, en cela, au désir exprimé par toute l'Assemblée. Il fallait se résigner à tous les sacrifices, avoir en vue avant tout le salut du pays.

L'opposition reprochait alors au Ministère de laisser des troupes dans Paris.

Il ne faudrait pas aujourd'hui lui adresser le reproche contraire ; 500,000 Prussiens étaient sur le sol français. Plus de la moitié de notre armée était battue, nous n'étions pas les auteurs des fautes commises, nous nous efforcions d'en être les réparateurs ; mais tout était indispensable et tout manquait ; ceux-là seuls qui étaient aux affaires peuvent juger de la vérité de la situation.

Le même membre. — Ce ne sont pas les faits de guerre que j'incrimine, mais je voudrais savoir comment le conseil des Ministres n'avait pas délibéré, au point de vue intérieur, en cas de désastres, sur ce qu'il comptait faire pour protéger l'Assemblée.

M. Jules Brame. — Plus vous serrez de près les questions, plus vous m'obligez à vous faire connaître les faits sans négliger aucun détail, au risque même de me faire en apparence le défenseur d'un ordre d'idées qui n'est plus de mode aujourd'hui.

Il est pour moi un inconvénient que j'aurais voulu éviter, c'était de revenir de nouveau sur le compte du général Trochu. Vous m'y forcez.

C'est vrai, la mission du Ministère consistait à porter ses efforts et son attention sur les dangers de l'intérieur et sur ceux de l'extérieur ; mais, ainsi que je vous l'ai dit, c'était la bonne division du travail qui faisait notre force. Le devoir des Ministres était certes de surveiller leurs agents ; car il existe toujours une distance énorme entre l'ordre et l'exécution, ce qui faisait dire à M. Thiers, en 1835, que ce n'était rien de donner un ordre, que le tout était de courir après pour en surveiller l'exécution. Nous avons appliqué ce conseil.

Le général Trochu était revenu de Châlons Gouverneur de Paris : à lui incombait le devoir de maintenir l'ordre dans la capitale et de faire respecter la Constitution et l'Assemblée. Mais il ne possédait plus notre confiance. Fallait-il le harceler, en faire une victime, un point de ralliement pour les mécontents ? Nous préférâmes aller droit à lui. Sa réputation d'homme d'honneur était établie, et l'un de nous fut chargé de lui dire, au nom du Conseil tout entier : « Général, le conseil des Ministres » me charge de vous apprendre qu'il doute de votre degré de » dévouement à remplir vos fonctions ; il vous demande de » vous expliquer à ce sujet. »

Le général Trochu parla près d'un quart d'heure sans répondre à la question qui venait de lui être posée.

Le même membre lui posa de nouveau la question, en lui déclarant qu'elle lui serait posée dix fois, s'il ne répondait pas d'une façon catégorique. Alors le général Trochu s'exprima de cette façon : « J'ai lieu de m'étonner que l'on s'obstine à poser » une telle question à un général français. En acceptant les » fonctions de Gouverneur de Paris, j'ai dû me placer en face » de cette supposition, que la dynastie ou l'Assemblée pourraient » être menacées, et, s'il en était ainsi, je réponds, avec ma » vieille foi bretonne, que pour défendre la dynastie, je viendrai » me faire tuer sur les marches des Tuileries. »

L'Impératrice lui répondit : « Pensez avant tout à sauver la » France ; je sais le sort qui peut être réservé à la dynastie. » En ce qui me concerne, je désire me retirer dignement. »

Le conseil terminé, M. le général Trochu partit avec M. Jérôme David, qui lui-même était accompagné de son secrétaire, dont j'ai oublié le nom.

Un membre. — M. Lara-Minot.

M. Jules Brame. — C'est cela. M. le général Trochu dit

à M. David, en parlant de l'Impératrice et de ses dernières paroles : « Cette femme est admirable, c'est une Romaine; je » suis très-impressionné de sa tenue, de sa conduite; elle a tout » mon dévouement. »

Puis-je aller lui répéter vos paroles ? lui dit M. David. « Certainement », répondit le général.

Voilà des détails que je voulais éviter de donner dans la crainte de paraître entrer dans le domaine d'une politique personnelle.

Mais, je le demande à chacun de vous, Messieurs, qu'il veuille bien se rappeler l'auréole dont était entouré à cette époque le général Trochu. Ne devait-il pas nous donner toute sécurité après de telles paroles? Quel est celui d'entre vous qui aurait osé douter de lui ? Quels sont les faits qui ont réveillé les doutes du Ministre de la Guerre ? Je l'ignore. S'il a donné directement des ordres au général Soumain, l'avenir nous a appris à reconnaître que cet excès de précautions était fondé; mais, en tout cas, le général Trochu devait être à son poste, et le Ministère être couvert par ces précautions.

Un membre. — Il y a un point à éclaircir dans l'intérêt de la vérité. M. Brame attribue au défaut d'ordres de la part du général Trochu l'envahissement du Corps législatif; selon lui, M. Trochu n'aurait pas fait tout ce qu'il devait dans ces circonstances. Je demande comment M. Brame concilie cette opinion sur le défaut de participation du général Trochu à la défense de la Chambre, avec les paroles prononcées le 4 septembre par le général Palikao, lequel a dit que le général Trochu n'avait pas d'ordres à donner, que lui seul était responsable de la garde du Corps législatif, et il a ajouté ces paroles qui n'ont pas produit un très-bon effet :

« *Vous vous plaignez que la mariée soit trop belle.* »

M. Lefèvre-Pontalis. — Voici précisément dans le *Journal officiel* les paroles auxquelles il est fait allusion. « Que jamais » autour du Corps législatif.... »

M. Lefèvre-Pontalis ne termine pas la citation, et il continue en donnant seulement les derniers mots : « ... à pression

étrangère. » Puis suivent ces paroles, dit M. Lefèvre-Pontalis :
Vous vous plaignez que la mariée est trop belle.

M. Jules Brame. — J'ai à peine revu le général Palikao
depuis ce jour-là, il ne m'a pas expliqué sa pensée ; mais il
arrive souvent (on en citerait de nombreux exemples) à ceux
qui sont plutôt faits au feu des batailles qu'à celui de la tribune,
d'exprimer des pensées plus pittoresques que parlementaires.

En disant que la mariée était trop belle, le Ministre de la
Guerre songeait, sans doute, alors qu'en n'altérant en rien la
situation du général Trochu, il avait lui-même pris la précaution
de donner des ordres au général Soumain. Je m'excuse auprès
de vous, Messieurs, des répétitions auxquelles je suis condamné,
mais vos questions m'y obligent.

En envoyant des troupes à l'armée selon le désir de la
Chambre, nous appelions des départements toutes les forces
disponibles pour défendre la capitale. On avait appelé la gen-
darmerie départementale ; mais cette troupe, peu exercée à la
guerre des rues, aurait ouvert ses rangs, dit-on, à la garde
nationale, lorsqu'elle l'a vue arriver tambour battant, croyant
qu'elle venait défendre l'Assemblée. La garde nationale a-t-elle
passé au moyen de la lettre dont je vous ai parlé plus haut ?
En tous cas, l'amour-propre le plus profondément blessé ne
devait pas empêcher le général Trochu d'être à son poste, le
4 septembre, comme s'y trouvait le maréchal Baraguay-d'Hilliers,
le 10 août, et toujours, lorsqu'il y eut des mouvements qu'il
sut maintenir par sa présence au milieu des groupes.

M. le Président. — M. d'Aurelle de Paladines désirerait
savoir le nom du destinataire de la lettre dont vous nous avez
parlé plus haut.

M. Jules Brame. — Quant à l'existence de la lettre, elle
est certaine, je base ma conviction sur l'honorabilité des hommes
qui m'en ont dévoilé le contenu.

Un membre. — La lettre dont vous nous parlez a-t-elle été
vue en original ?

M. Jules Brame.— On m'a assuré que plus de quarante
personnes l'avaient vue ; mais je crois devoir apporter de la
discrétion sur le nom du destinataire. Je ne veux pas faire

supposer chez moi de l'animosité. La Commission, d'après cette indication, arrivera à connaître la vérité sur l'existence de la pièce et sur le destinataire.

M. le comte de Rességuier. — M. Brame ne trouve-t-il pas que le général Trochu a une grande part de responsabilité dans les événements du 4 septembre ?

M. Jules Brame. — C'est mon opinion, et cela ressort incontestablement de l'exposé que je viens de faire, basé non sur des assertions, des déclarations, mais sur des faits indiscutables.

M. le Président. — M. Brame a dit que le général Trochu était revenu de Châlons avec un décret qui le nommait Gouverneur de Paris et porteur d'une lettre lui donnant des pouvoirs extraordinaires.

Je crois que dans la Commission, lorsque le général Trochu a été interrogé, il nous a parlé d'une lettre semblable. M. Brame en a-t-il quelque souvenir ?

M. Jules Brame. — Lorsque le général Trochu est arrivé de Châlons à Paris, il a sans doute remis ses pouvoirs ou une lettre de l'Empereur, soit à la Régente, soit au Président du Conseil, Ministre de la Guerre.

Je suis forcé de répéter de nouveau, d'après la question qui m'est faite, ce que j'ai déjà dit.

En entrant en séance il m'a été facile de distinguer sur la physionomie de quelques-uns de mes collègues qu'il se passait quelque chose d'étrange. Je pressentais une mauvaise nouvelle et je reportais mes craintes sur un échec, lorsque le Ministre de la Guerre mit nos collègues du Cabinet au courant des motifs du retour du général Trochu et de la regrettable pensée que l'Empereur avait eue de lui faire quitter son commandement pour le nommer Gouverneur de Paris.

Quant à la lettre ou au document qui constituait ses pouvoirs, on nous en a parlé avec regret : car il y avait des appréhensions qui se sont justifiées plus tard ; mais je ne me rappelle pas bien si on nous en a donné le texte. Le fait dominait tout, et il était important pour nous de ne pas nous arrêter aux détails, car le temps était précieux.

M. le comte de Rességuier. — M. Brame rend le général Trochu responsable de l'envahissement de la Chambre. M. Brame ne trouvera-t-il pas juste de tenir compte à ce général de la situation qui lui était faite par la conduite même du comte de Palikao, quand il déclarait qu'à lui seul appartenait le droit de disposer des troupes qui devaient sauvegarder le Corps législatif ? N'était-il pas naturel, de bonne discipline, de penser que le général Trochu, pour éviter un conflit d'autorité qui eût été bien regrettable en face de pareils événements, se fût abstenu de prendre un commandement qui ne lui appartenait pas et dont il ne pouvait disposer? Le comte de Palikao avait déclaré que c'était lui seul qui devait défendre la représentation nationale ; il était naturel que le général Trochu, dans cette situation, n'ait pas revendiqué cette mission.

M. Jules Brame. — Vous tirez de mes paroles des conséquences que je n'en ai pas tirées moi-même. Je vous expose les faits, sans vouloir les compliquer d'une discussion. Maintenant, si je comprends bien votre question, elle s'applique à un fait particulier, savoir : l'ordre donné par le Ministre de la Guerre au général Soumain en dehors du général Trochu ; et je vous certifie que je n'ai eu connaissance de ce fait que par le général Trochu lui-même, lors de son discours à la tribune, en mai dernier. Du reste, je le répète, en doublant le général Trochu du général Soumain, le premier n'était pas privé de son commandement ; c'était, de la part du Ministre, une précaution salutaire. La conduite de M. Trochu en est la preuve.

M. le comte de Rességuier. — Vous avez dit que si M. le général Trochu avait été là où il aurait dû être, on aurait évité le 4 septembre.

M. Jules Brame. — Parfaitement, et je le soutiens, pour Paris au moins. Le 10 août, à une époque où l'émotion était grande, par suite des nouvelles des désastres de Wissembourg, Forbach et Reischoffen, où nos armées étaient ramenées de nos frontières jusqu'à Châlons, en ce qui concerne le maintien de l'ordre intérieur, le maréchal Baraguay-d'Hilliers parcourait les groupes, et malgré ses 78 ans et avec son bras de moins, il maintenait tout par son attitude seule; si le général Trochu eût agi de même, le résultat eût été identique.

M. le comte de Rességuier. — Le général Trochu vous répond : Je ne devais pas y être, puisque le comte de Palikao revendiquait pour lui seul le droit de défendre l'Assemblée.

M. Jules Brame. — Le général Trochu était nommé Gouverneur de Paris par l'Empereur en dehors du Ministre de la Guerre. Le général Trochu avait donné au Ministre de la Guerre et au conseil des Ministres de graves motifs de suspicion.

Peut-on reprocher à ce dernier d'avoir pris de doubles précautions? Dans des circonstances aussi solennelles, le général Trochu pouvait-il hésiter entre son devoir, son serment, et un froissement d'amour-propre?

M. le Président. — Un de nos collègues désire adresser une question à M. J. Brame.

M. le général d'Aurelle de Paladines. — Il a été déclaré ici qu'il y avait eu conflit précisément entre le général Trochu et le comte de Palikao, qu'on en avait référé à l'Impératrice et qu'en quelque sorte le général Trochu aurait eu le pouvoir de donner des ordres seul; qu'à la suite de cela, le comte de Palikao, très-mécontent, aurait déposé son portefeuille et aurait déclaré qu'il n'était plus Ministre de la Guerre; que ce ne fut qu'après des instances très-vives auprès de lui qu'il avait retiré sa démission. Ainsi, un point bien établi, c'est qu'il y aurait eu conflit entre le comte de Palikao et le général Trochu. Je crois qu'il faudrait interroger sur ce point M. le comte de Palikao.

M. Jules Brame. — Non, mille fois non; le caractère des faits n'est pas tel que l'honorable général d'Aurelle de Paladines les présente à la Commission. La déclaration qu'on en a faite est controuvée; elle a été faussement rapportée. Je n'accuse personne, j'en ignore l'auteur; mais j'étais présent à la séance du conseil des Ministres où le seul conflit qui ait existé entre les deux généraux a eu lieu; j'en trouve le souvenir dans des notes que la Commission d'enquête me permet de consulter, et je précise d'après ces notes mêmes. C'est après la circulaire du général Trochu, dans laquelle il déclarait qu'il n'entendait procéder que par la force morale, c'est à la séance dans laquelle on a appris que le général Trochu ramenait avec lui 18 bataillons et 12 à 14,000 chassepots, que le général Ministre de la Guerre s'est indigné de la dislocation d'une armée qu'il s'efforçait de former, et qu'il a déposé son portefeuille. Il est vrai qu'il a fallu les plus vives instances pour le lui faire reprendre.

Quant à l'Impératrice et au conseil des Ministres, ce n'est pas au général Trochu qu'ils ont donné raison. Vous pouvez en juger; ils ont été profondément affligés de cet incident. Je suis certain de mes souvenirs, et je crois que pas un des membres du Conseil ne me contredira.

M. le Président. — **M.** Callet demande à adresser une question à M. Brame.

M. Callet. — J'aurais à adresser une question à **M.** Brame; elle se rapporte un peu à celle que lui faisait un de nos collègues.

Quelques jours avant le 4 septembre, il régnait un grand découragement dans le conseil des Ministres, on ne comptait plus sur une victoire; l'Impératrice elle-même voyait crouler l'Empire, elle sentait le pouvoir s'échapper presque de ses mains. Alors se produisit un mouvement révolutionnaire que vous pouvez mieux connaître que moi; il y avait dans l'air quelque chose qui menaçait la dynastie.

Je parle des jours qui ont précédé le 4 septembre (c'est dans ces circonstances que se produisit à la Chambre une proposition émanant de **M.** Jules Favre pour la constitution d'un gouvernement provisoire), il s'en produisit une autre de **M.** Thiers, et enfin une dernière du comte de Palikao. Vous comprenez que l'Assemblée seule pouvait tout sauver, puisque vous sentiez le pouvoir s'échapper de vos mains. Il s'agissait de remettre le plus tôt possible le pouvoir entre les mains de la Chambre qui seule pouvait sauver le pays.

Eh bien ! pas du tout. Le comte de Palikao apportait au Corps législatif une proposition qui était de nature à irriter non pas l'opinion de la majorité, mais l'opinion du public dans l'état d'exaspération où il se trouvait.

La Chambre était en face d'un envahissement et en face de trois propositions, ce qui lui fit perdre un temps considérable et facilita le succès de la révolution. Le fait est facile à vérifier, puisque nous avons parmi nous tous les membres du Gouvernement provisoire, notamment M. Jules Favre.

Un membre. — Est-ce que la Chambre n'a pas été obligée de se retirer dans ses bureaux?

M. Callet. — M. Gambetta, il faut le reconnaître, fit des efforts inouïs à la tribune auprès de ses amis les envahisseurs de la Chambre, pour attendre la décision qu'elle aurait prise pendant qu'elle était retirée dans ses bureaux; mais, je le répète, la Chambre se trouvait en face de trois propositions, dont la dernière avait été délibérée au Conseil, et était présentée par le Président de ce Conseil le comte de Palikao.

Je ne serais pas éloigné de croire que c'est ce retard apporté à prendre une décision de cette nature, qui a contribué au dénouement de cette journée.

M. Jules Brame. — J'affirme que l'honorable M. Callet établit involontairement une confusion complète dans les faits, lorsqu'il dit que c'est quelques jours avant le 4 septembre que se produisit la triple proposition de M. Jules Favre, de M. Thiers et du Gouvernement. C'est dans la nuit du 3 au 4 septembre que M. Jules Favre a présenté pour la première fois, d'une façon nette et officielle, la proposition de déchéance; c'est dans la séance du 4 septembre que M. Thiers a présenté la sienne, en même temps que le général Ministre de la Guerre soumettait à la Chambre le décret ministériel qui lui remettait tous les pouvoirs, en ne conservant à la Régente que le droit du contre-seing.

Ce n'était donc pas quelques jours avant le 4 septembre, et le Ministère n'était atteint d'aucun découragement; loin de ne plus compter sur la victoire, il s'efforçait au contraire de l'organiser; aucun mouvement révolutionnaire, à l'exception de l'assassinat commis à Belleville par Eudes, ne s'était produit du 10 août au 4 septembre; ce sont là des faits. L'honorable M. Callet ajoute que le général Ministre de la Guerre apportait à la Chambre une proposition de nature à irriter le pays. Le Ministère eût dépassé toute limite et violé la constitution s'il avait retiré à l'Impératrice le contre-seing. Quant aux trois propositions, une seule était l'œuvre du Gouvernement; il n'était pas responsable des deux autres, bien que prêt à admettre celle de M. Thiers, lorsque l'envahissement a eu lieu. Et je suis forcé de répéter à la Commission que nous avons été prévenus de la réunion de la Chambre au moment même où elle se réunissait. Vous le savez, Messieurs, en pareille circonstance, les événements marchent avec une extrême rapidité.

Plus on concède, plus on exige; en 1830, on concéda M. de Martignac; la révolution était sur pied, elle répondit : il est trop tard; en 1848, on concéda M. Thiers et M. Odilon Barrot, la révolution répondit : il est trop tard. Nous avions été, nous, jusqu'aux dernières limites du possible, en ne maintenant que le contre-seing, pour respecter la constitution et les droits de la nation; mais en 1830 et en 1848, on n'était pas écrasé par cet effroyable cataclysme de Sedan qui a jeté partout l'hésitation et la terreur. Maintenant, l'ordre eût-il été sauvé en France, sans la journée du 4 septembre? Les terribles conséquences de cette journée seraient-elles survenues également ? La France pouvait-elle encore être sauvée? Mais là n'est pas la question. Quelles sont les causes, m'avez-vous demandé? Quels sont les hommes qui ont préparé et accompli cette journée? Je vous signale les causes. Je vous dis la conduite des hommes.

M. de la Borderie. — Je désire adresser à M. Brame une question dans l'ordre d'idées qui a été indiqué par M. Callet.

Le conseil des Ministres se tenait de sept à neuf heures du soir : M. Brame vient de nous dire qu'il n'avait été prévenu de la séance de nuit qu'en sortant du conseil des Ministres.

M. Jules Brame. — Permettez-moi de faire une réserve. Je suis certain des heures, mais non pas des quarts d'heure; à ce moment surtout, nous n'y regardions pas ; je crois avoir expliqué nettement le fait pendant le cours de ma déposition.

M. de la Borderie. — Je demande seulement à M. Brame

s'il a connaissance positive que le conseil des Ministres n'ait pas été prévenu à temps, c'est-à-dire entre neuf et dix heures, de la séance qui devait avoir lieu au Corps législatif. M. Lefèvre-Pontalis nous a dit que c'était M. Schneider qui, en faisant convoquer la Chambre, était allé prévenir le Gouvernement. Cette question a une importance capitale. Je demande donc à M. Brame s'il a eu connaissance personnelle de la décision qui avait été prise de convoquer les Chambres.

M. Jules Brame. — Je pourrais m'en rapporter à l'exposé si net et si précis de ma déposition ; mais je comprends, comme l'honorable M. de la Borderie, combien ce fait a d'importance, et aucune fatigue ne me coûtera pour l'expliquer de nouveau. Non, nous n'avons pas été consultés sur la convocation, et nous n'avons pas pu nous y refuser ; — non, nous n'avons pas été convoqués ; plusieurs de mes collègues m'ont accusé de ce fait, en me manifestant leur étonnement ; l'emploi de mon temps et celui de mes collègues, je le redis : de cinq à neuf heures à peu près, tous nous étions au conseil des Ministres tenu au Château ; quelques-uns d'entre nous sont revenus chez le Ministre de la Guerre à neuf heures, ne faisant que passer, et préoccupés plutôt de l'ennemi à cause de la sécurité que nous donnait l'engagement solennel pris par le général Trochu. Rentré entre neuf heures et demie et dix heures à mon Ministère que j'avais quitté depuis le matin, j'en suis ressorti entre dix et demie et onze heures, et j'en demande pardon à la Commission, les mêmes demandes me forcent aux répétitions des mêmes réponses, Je ne me fatiguerai pas de le redire, c'est dans la rue que MM. de Guilloutet et Marey-Monge m'ont appris la réunion de la Chambre. J'ai à peine revu l'honorable M. Schneider depuis cette époque, et n'ai pu m'expliquer avec lui sur la vérité de cet incident.

M. Lefèvre-Pontalis. — Je crois qu'il y avait dans cette mesure de convoquer la Chambre immédiatement une pensée salutaire, qui pouvait, suivant moi, avoir une grande influence sur les événements. C'était d'affirmer le droit pour la Chambre de nommer les Ministres et de prendre la direction des affaires. Si cette mesure avait été résolue dans la nuit, et que le lende-

main elle fût arrivée à la connaissance du public, il aurait pu
en résulter une influence très-heureuse sur les événements.

M. Jules Brame. — C'était à ceux qui ont obtenu du
Président la convocation de la Chambre, de communiquer au
conseil des Ministres leur pensée, leur désir et un quart d'heure
pour délibérer. C'était à eux à faire à la Chambre la proposition que vous venez d'énoncer. Mais il n'en a pas été ainsi.
M. le Ministre de la Guerre déclare qu'on est venu le chercher
à son Ministère à onze heures. Je n'ai été rencontré que par
hasard, dans la rue, sinon, j'étais exposé à n'apprendre que le
lendemain ce qui se serait passé. Moi aussi je désire ardemment
que la lumière se fasse à ce sujet ; vous avez raison de chercher à la faire jaillir.

M. Antonin Lefèvre-Pontalis. Ce qui a blessé la
Chambre, c'est la nomination du comte de Palikao comme
lieutenant-général, et le droit qui lui était donné de nommer
un Ministère.

M. Jules Brame. — J'ai lieu de m'étonner de cette
observation que fait l'honorable M. Lefèvre-Pontalis ; d'abord,
ce n'est pas la Chambre qui a fait la révolution, elle s'y opposait.
J'étais d'autant plus éloigné jusqu'à ce jour de me douter de
cette susceptibilité que, en dehors de la gauche radicale, tous
les partis s'étaient montrés très-satisfaits de l'arrivée aux
affaires du général de Palikao. Je rappelle à M. Lefèvre-Pontalis qu'une délégation représentant cent députés du centre
gauche, du centre droit et de la droite avait pour mission de
réclamer son entrée aux affaires. Il n'avait aucun antécédent
politique, et donnait au pays des garanties d'homme de guerre
dans l'état terrible où la France se trouvait ; pendant tout son
ministère, je n'ai pas entendu formuler contre lui la moindre
expression de mécontentement parmi nos amis politiques, sinon
ma retraite ne se serait pas fait longtemps attendre.

M. Antonin Lefèvre-Pontalis. — C'était à la Chambre
qu'il fallait donner le pouvoir de nommer les Ministres.

M. Jules Brame. — C'était alors prononcer la déchéance,
dépasser nos pouvoirs, amener la révolution ; car je prends la
confiance de vous faire remarquer que le contre-seing ne lais-

sait plus qu'une ombre de pouvoir à la Régente, qui jamais ne se serait permise d'élever un conflit entre elle et la Chambre sur des Ministres qu'aurait désignés l'Assemblée ; et il eût été sans exemple, en quelque position que ce fût, que les mandataires d'un gouvernement vinssent proposer la déchéance de ce gouvernement. Etait-ce M. Trochu qu'on aurait dû présenter ? Était-ce un avocat ? Vous les avez vus à l'œuvre.

M. Lefèvre-Pontalis.— Le Corps législatif aurait nommé certainement le comte de Palikao.

M. Jules Brame. — Eh bien ! alors.

On a fait également, je le sais, cette objection ; car je veux répondre à tout : le Ministère paraissait se préoccuper de la dynastie et pas de la nation.

Un membre. — C'est justement sur ce point là que je désirerais avoir quelques explications de votre part.

Vous avez dit que l'Impératrice, dans le conseil des Ministres, s'était complètement désintéressée de la question dynastique, et avait dit qu'à ses yeux la dynastie était perdue. A quel jour, à quelle heure l'Impératrice s'est-elle ainsi exprimée ?

Un autre membre. — Était-ce avant le 3 septembre ?

M. Jules Brame.— C'est à plusieurs reprises ; d'abord, devant la délégation des députés, le 7 août, elle lui tint ce langage : « Songez à la France et non à la dynastie ». Ensuite, à la séance que j'appellerai celle du renouvellement du serment du général Trochu au conseil des Ministres ; puis dans celle du 3 septembre, dans l'après-midi ; j'avais pris ces paroles comme l'expression d'un louable sentiment, sans m'appesantir sur le désir qu'elle pouvait avoir de sauver tout à la fois la dynastie et la France.

On ne pouvait se dissimuler, du reste, que depuis six ans surtout la dynastie était sapée à coups redoublés ; que la situation s'était très-aggravée depuis la déclaration de la guerre. On pouvait encore remporter quelques succès ; mais au jour des explications, le mal se serait révélé dans toute son étendue, les choses étaient trop avancées ; c'est ce qu'avait sans doute compris la Régente ; c'est ce qui peut expliquer ses paroles.

Un membre.— C'est là un fait grave, et l'on peut se demander pourquoi le Ministère était plus royaliste que le roi ? Comment le Ministère, voyant que l'Impératrice se désintéressait dans cette circonstance, n'a-t-il pas concentré tous ses efforts pour répondre aux vœux de la Chambre, qui désirait à ce moment la formation d'un nouveau cabinet? C'est M. Thiers que nous aurions eu plus tôt.

M. Jules Brame. — Je réponds d'abord, que chacun de vous ne peut ignorer dans quelles conditions, dans quelles extrémités nous sommes entrés au pouvoir. — Par un pur sentiment de patriotisme, prévenus, à cause de l'aggravation des affaires, que nous avions plus de chances d'être fusillés que de réussir.

Lorsque l'on demanda l'adjonction de quelques députés comme conseil de surveillance, j'ai opiné dans ce sens en faveur de mes amis du centre gauche, dont je n'avais abandonné aucune des convictions et aux réunions desquels j'assistais quand mes occupations me le permettaient.

L'honorable M. Thiers peut dire les efforts faits par moi pour décider son entrée au conseil de défense des fortifications. Maintenant, vous dites que si l'on avait remis plus tôt les pouvoirs à la Chambre, la Chambre eût nommé M. Thiers. C'est que vous oubliez la composition de la Chambre à cette époque; la majorité n'a jamais émis de vœux contre le Ministère, elle suivait et approuvait ses efforts; vous pouvez le constater par les votes qui ont eu lieu à cette époque, ils étaient presque unanimes.

Un membre. — L'Impératrice avait, dites-vous, fait le sacrifice de sa couronne, qu'elle considérait comme perdue. Eh bien ! le 3 septembre, dans la nuit, le comte de Palikao vint à la séance, et je ne vois pas que, dans cette séance, il ait été l'interprète de ce sentiment de l'Impératrice.

Loin de là, je vois d'ici le comte de Palikao allant de groupe en groupe, priant les députés de se déclarer pour la Régence, quand, vous l'avez reconnu vous-même, il n'y avait rien à faire pour la dynastie et qu'il ne fallait songer qu'à la France.

M. Jules Brame. — Je vais répondre à l'insinuation nouvelle, pour moi, dirigée contre le Ministère qui aurait été plus préoccupé de la dynastie que de la nation ; ma réponse sera catégorique et je crois, irréfutable ; mais il me paraît qu'il existe des parties contradictoires dans l'ordre des questions que l'on me pose.

Elles semblaient tout à l'heure contenir le reproche d'avoir laissé s'opérer les événements du 4 septembre, faute de troupes régulières suffisantes pour maintenir l'émeute ; maintenant, au contraire, on prétend que l'attention du Ministère se serait plutôt reportée vers l'intérieur que vers l'extérieur.

Examinons donc l'état réel des choses. Nous n'avions, pour faire face à toutes les nécessités, gardé aucun régiment à Paris. Les dernières troupes étaient parties avec Vinoy. Qu'il me soit permis de faire remarquer de nouveau à la Commission d'enquête que les questions qui me sont posées contiennent, dans leur ensemble, un sujet identique aux observations qui déjà m'avaient été faites.

Cela, du reste, est naturel.

J'aurais voulu, mon honorable collègue, que vous fussiez à ma place ; la position n'était pas facile. Quant aux démarches faites de groupe en groupe par le Ministre de la Guerre, je les ignorais, j'y suis étranger ; il pouvait vouloir, en ce moment, expliquer les motifs du décret qu'il apportait à la Chambre, décret admis par le Conseil, signé par la Régente et dont il ne lui était pas permis de s'écarter.

Vous prenez, il me semble, trop à la lettre ces paroles de l'Impératrice : « Pensez à la France et non à la dynastie». Elles avaient, à mes yeux, pour but de mettre à l'aise les amis personnels que la Régente avait dans le Conseil, et de les porter à envoyer devant l'ennemi toutes les troupes disponibles à Paris, ce qui était aussi à tous notre pensée et ce qui ne peut être imputé à crime à personne.

Quant aux paroles de la Régente, pouvait-on lui répondre. « Eh bien ! *allez-vous-en !* » D'abord, ce n'était pas mon sentiment.

J'appartenais dans le Corps législatif à un groupe qui, depuis quatorze ans, s'efforçait de faire entrer le Gouvernement impérial dans une voie pacifique et libérale. Tous à sa chute, de quelque façon qu'elle arrivât, nous prévoyions un épouvantable cataclysme, et nous ne nous sommes pas trompés, puisqu'après le 4 septembre, nous avons vu le 31 octobre, le 22 janvier et enfin le 18 mars.

Si je m'étais exprimé envers la Régence ainsi que je vi ns de vous le dire, je n'aurais certes pas eu la majorité, ni dans le conseil des Ministres ni dans la Chambre.

M. le Président. — Ces questions pourront se reproduire dans des dépositions ultérieures. M Brame nous a donné son opinion, et s'il n'y a plus personne parmi nous qui désire lui adresser de nouvelles questions?.....

M. de la Sicotière. — Je désire adresser quelques questions à l'honorable M. Jules Brame.

M. le Président. — Il serait inutile de rentrer dans la discussion générale.

M. de la Sicotière. — Ce que j'ai à dire n'est pas de la discussion et M. Brame pourrait se contredire que nous n'aurions rien à y objecter. Nous sommes ici pour écouter et non pour discuter. Nous vous avons, Monsieur, écouté avec un grand intérêt, et nous savons quelle est l'honorabilité de votre caractère; par conséquent, votre personne n'est nullement en jeu. Les questions que je vais avoir l'honneur de vous poser sont en dehors de toute discussion possible, questions pures et simples, aux-quelles je désire que vous veuillez bien répondre. L'honorable M. Jules Brame nous a dit qu'il y avait eu conseil des Ministres de cinq à huit heures dans la soirée du 3 septembre; de cinq à huit heures du soir, les événements de Sedan étaient connus, l'Empereur était prisonnier, l'armée vaincue et prisonnière; c'étaient là des événements tellement graves qu'il est impossible d'admettre qu'ils n'aient pas imposé au Conseil des résolutions immédiates; cela est d'autant plus certain que M. Brame nous a dit qu'après s'être séparés à huit heures, les Ministres sont allés chacun de leur côté, là où les appelait leur devoir. M. Brame, par exemple, nous a dit qu'il était allé voir les travaux des fortifications qui s'exécutaient même la nuit. Donc à huit heures des résolutions immédiates devaient être prises; ces résolutions devaient porter sur trois points : la dynastie, la Chambre, le populaire.

Un membre. — Et les Prussiens?

M. de la Sicotière. — Cela va sans dire!

Un membre. — Je ferai remarquer que la nécessité s'imposait au conseil des Ministres de s'occuper des Prussiens qui arrivaient sur Paris; il me semble que c'était là un point très-important.

M. Lefèvre-Pontalis. — Il n'en a pas été question parce c'est évident, cela va de soi.

M. le Président. — Laissez M. de la Sicotière achever de poser sa question.

M. de la Sicotière. — Il est impossible que, dans ces circonstances, la question des Prussiens n'ait pas dominé toutes les autres, et c'est pourquoi je n'en ai point parlé. Si je joins cette questions aux trois précédentes, cela fait quatre questions que j'ai à poser à l'honorable M. Brame.

Je désirerais savoir sommairement, mais aussi nettement que possible : 1° Ce qui a été décidé sur la question de la dynastie devant cette question désastreuse, l'Empereur vaincu, l'armée prisonnière; il me semble difficile que le Conseil n'ait pas dit : il faut affirmer la dynastie plus que jamais, il faut arriver à un Conseil de régence et employer tous les moyens capables de raffermir le Gouvernement et sauver la France.

Il serait inconcevable que des résolutions n'aient pas été prises dans ce sens.

2° La Chambre ne s'était pas encore convoquée pour la nuit; mais il était impossible que le Ministère ne songeât pas à la nécessité d'une telle convocation.

Qu'est-ce que le Conseil a décidé relativement à cette convocation nécessaire, inévitable, du Corps législatif. Dans la décision qu'il a dû prendre, la Chambre devait-elle être réunie pour la nuit ou pour le lendemain?

3° Le Ministère a-t-il compris qu'en présence de ces événements, la population de Paris pourrait tenter de renverser le Gouvernement?

Quelles résolutions a-t-il prises pour réprimer ces mouvements populaires?

4⁰ Des résolutions ont dû être arrêtées également en prévision de la marche des Prussiens sur Paris.

Qu'a-t-on décidé à l'égard de l'ennemi?

Voilà les quatre questions que j'ai l'honneur de poser à l'honorable M. Brame. Il est impossible que le Ministère n'ait pas pris des décisions à ce sujet dans l'intervalle du 3 au 4 septembre. Quelles sont les résolutions qui ont été adoptées pour chacun de ces points?

M Jules Brame. — Je répondrai : Je n'ai pas à me contredire, j'expose l'exacte vérité. Si je commets des omissions, je les réparerai ou je compléterai mes développement par la vérification de mes notes.

J'ai, à plusieurs reprises, expliqué l'emploi de notre temps le 3 septembre, depuis deux heures de l'après-midi jusqu'à quatre heures du matin, je n'y reviendrai plus.

Maintenant, l'honorable M. de la Sicctière me dit : il y a trois questions sur lesquelles l'attention du Ministère a dû être appelée, ce sont les suivantes :

La dynastie;

La Chambre;

L'agitation populaire.

Je remercie ceux de mes collègues qui ont interrompu pour ajouter « et les Prussiens ».

C'est qu'en effet, les Prussiens qui pouvaient arriver à marches forcées sur Paris, causaient notre principale préoccupation, et cela ne peut, en vérité, étonner personne, en face de deux armées vaincues et du néant de la défense.

Je reconnais que la Chambre n'a pas été le sujet de nos appréhensions, puisque le conseil des Ministres n'a pas demandé sa convocation sur l'heure même; c'était aux Ministres qu'incombait l'immédiate nécessité d'agir pour parer aux nouveaux malheurs qui nous menaçaient, et si l'on avait convoqué les Chambres sans arriver avec des projets bien réfléchis sur les quatre questions très-complexes que vient de poser M. de la Sicotière, c'est alors que les débats eussent amené plus que jamais la confusion. Or, le Gouvernement eut trois heures pour sortir du chaos dans lequel le plongeait le cataclysme qui venait de lui être révélé, et ses opérations ont été arrêtées par la séance de nuit. Qui l'a commandée, cette séance ? Si elle n'avait pas eu lieu, si la décision de la Chambre qui s'était ajournée au lendemain à midi, eut été respectée, les révolutionnaires n'auraient pas eu le temps de se préparer pendant la nuit. Ce sont les promoteurs de cette séance que vous devez rechercher, puisqu'elle a été une des causes du mal, surtout le Ministère n'ayant été ni convoqué ni prévenu.

Quant à la question d'agitation populaire, je l'ai déjà dit, nous devions avoir l'esprit tranquille par suite de la déclaration si nette, si formelle, si positive du général Trochu que cependant, vous le savez, on surveillait encore.

Quant à la dynastie, je le déclare, non, mille fois non, il n'a été question ni d'elle ni de son affermissement ; le moment eût été mal choisi. L'idée de la dynastie devait se trouver noyée dans tous les malheurs qui nous menaçaient de toutes parts. Le général de Palikao pouvait ne pas avoir toutes les sympathies, mais il gardait le silence comme tout le Ministère, et ce silence servait au moins d'apaisement à l'irritation de tous les partis.

Eh bien, M. Lefèvre-Pontalis ?

M. Antonin Lefèvre-Pontalis. — Quant à moi, je me suis complètement effacé ; il ne s'agissait pas de ma personne ; sur les bancs du Corps législatif où siégaient beaucoup de mes amis, soit à gauche, soit au centre gauche, on se demandait pourquoi, alors qu'on venait de remettre tous les pouvoirs au Corps législatif on ne lui laissait pas nommer un lieutenant-général. Voilà ce qu'il eût fallu faire et je n'ai pas voulu dire autre chose.

M. le Président. — Permettez, Messieurs, ne tombons pas dans la discussion ; nous devons, permettez-moi de vous le rappeler, nous borner à entendre des dépositions.

M. Antonin Lefèvre-Pontalis. — Sans doute, Monsieur le Président, mais on ne nous a pas dit ce qui avait pu décider la Régente...

M. le comte de Durfort de Civrac. — Je crois qu'il y a là quelque chose de très-important à examiner. Nous sommes en présence de deux individualités qui ont joué un rôle grave dans les événements du 4 septembre. Ces deux individualités sont celles du général Trochu et du comte de Palikao. A mes yeux, il importe beaucoup de dégager ces deux individualités dans l'intérêt de la vérité. Peut-on croire que l'un de ces deux hommes fût guidé par la préoccupation des intérêts dynastiques, ou bien, y avait-il raison de croire qu'ils fussent mus l'un et l'autre par des mobiles d'un autre ordre, des intérêts généraux ou des intérêts d'ambition particulière ?

Je ne présume rien, Messieurs, mais je demande à M. Jules Brame de vouloir bien préciser le moment où l'Impératrice avait semblé reconnaître que la cause de la dynastie était perdue, et quels furent, à partir de ce moment, les agissements du Ministère. Remarquez bien que je ne parle pas ici du Ministre M. Brame, pas plus que de M. de Palikao. Je parle du Ministère en général.

M. le comte Daru. — Voulez-vous me permettre de préciser à cet égard le souvenir de M. Brame ?

Lorsque les événements de Sedan ont été connus, il y avait lieu à un déplacement de pouvoirs. Le pouvoir dominant devait passer dans la Chambre. Tout le monde était d'accord sur ce point.

On était également d'accord, le 3 au soir, sur un second point : pour éviter la crise politique qui résulte d'un changement de dynastie, l'Impératrice devait conserver un pouvoir plus apparent que réel.

On en était là dans la nuit du 3 au 4 ; cette combinaison ne parut plus suffisante le 4 au matin. Il est certain que l'Impératrice ne tenait pas à conserver son pouvoir. C'est là ce que MM. Buffet, Kolb-Bernard et d'autres ont confirmé. Aussi, lorsqu'on fit observer à l'Impératrice que les pouvoirs qu'elle avait comme Régente devenaient, depuis la captivité de l'Empereur, insuffisants, puisqu'elle n'avait même pas le droit de changer ses Ministres, elle le reconnut et autorisa ceux qui étaient détachés près d'elle à déclarer à la Chambre qu'elle acceptait ce que ses Ministres accepteraient en son nom.

Dans cette période, il y a eu deux phases distinctes : l'une qui consistait à rendre le pouvoir dominant dans le sein de la Chambre, c'est celle indiquée par M. Brame, la Chambre ayant le pouvoir de fait, l'Impératrice le pouvoir de nom ; l'autre phase est celle dont je viens de parler.

Quelle que fut la résolution adoptée à ce moment, l'Impératrice ne demandait qu'à rester à Paris pour participer à la défense jusqu'au dernier moment.

On a accepté la seconde combinaison qui n'a pas prévalu. M. Brame vous en disait tout à l'heure la raison, c'est que dans des circonstances pareilles, à mesure que les événements marchent, la solution bonne à quatre heures du matin ne l'est plus à huit ; celle bonne à huit heures ne l'est plus à midi. Les événements se précipitent ; ceux qui sont impatients de pousser le peuple dans la rue ne perdent pas leur temps : la foule afflue devant le Corps législatif à l'heure précise indiquée ; les bataillons armés de la garde nationale envahissent le palais, non pas peut-être par un mouvement spontané de la population, mais par une consigne.

On nous avait laissé une demi-heure pour délibérer et pour trancher ces graves questions. Ce temps ne nous a pas suffi et nous avons été envahis. Voilà l'histoire vraie. On avait à rechercher la solution de ces trois problèmes. Quels sont les pouvoirs de l'Impératrice ? Quels sont les pouvoirs de la Chambre ? Quels sont les moyens de résister à une émeute populaire ? On a parfaitement posé ces questions ; seulement la solution bonne à une certaine heure, n'était plus bonne quelques heures après.

M. de la Sicotière. — Mais lors de la séance de nuit, pourquoi les Ministres ne se sont-ils pas rendus à la Chambre ?

M. Jules Brame. — Permettez, ils ne le pouvaient pas, puisqu'ils ne savaient pas que la Chambre devait se réunir.

M. de la Sicotière. — Mais si le Ministère ignorait la convocation de la Chambre, ne pouvait-il pas au moins arrêter un programme de résolutions à présenter ou à prendre dans la prévision que la Chambre pourrait se réunir ?

M. Antonin Lefèvre-Pontalis. — C'était en effet ce à quoi s'attendait la Chambre.

M. Jules Brame. — Je vais avoir l'honneur de répondre

à M. Durfort de Civrac d'une façon qui ne lui laissera rien à désirer; car je lui donnerai satisfaction, non pas par des assertions, mais par des faits.

Deux individualités sont en présence, dit l'honorable comte Durfort de Civrac, il faut analyser leurs intentions et leurs aspirations, creuser dans le fond de leur cœur pour les bien connaître l'un et l'autre.

Je reconnais avec M. de Civrac tout ce que sa question comporte de grave, relativement aux résultats auxquels nous désirons tous parvenir.

Ces deux hommes, se demande-t-il, étaient-ils dominés par des sentiments de patriotisme ou par des intérêts d'ambition personnelle? Or, je désire établir en ce moment que, jusqu'à mon arrivée au Ministère, je ne connaissais ni l'un ni l'autre, et que, pour ainsi dire, depuis ma sortie du Ministère, je n'ai revu aucun des deux. Maintenant, que vois-je, abstraction faite de tout antécédent de popularité ou d'impopularité, voici les faits :

Le général de Montauban, dès le commencement de la guerre, le 16 juillet, réclame un commandement à l'armée active, il le réclame de nouveau dès le 6 août.

Il est appelé au Ministère de la Guerre, il arrive et produit les résultats que vous connaissez.

Quant au général Trochu, je vais simplement procéder par des faits sans commentaires.

Il reçoit un commandement en chef dans l'armée active, et en dehors de celui qui l'a nommé, dont il connaît les projets, il revient Gouverneur de Paris, et renverse ainsi les combinaisons qui avaient été concertées d'abord. C'est un fait.

Sans ordre, il ramène avec lui 18 bataillons de gardes mobiles destinés à l'armée que cette mesure pouvait compromettre. C'est un fait.

Il ramène également dans l'intérieur de Paris, avec ces mobiles, 14,000 fusils chassepot, affaiblissant de nouveau l'armée. C'est un fait.

Il dit à ces mobiles, contre tout précédent militaire, contre tout respect de la hiérarchie :

« Vous avez le droit de revenir à Paris ». C'est un fait.

En dehors de toute entente avec le Ministère, il fait afficher une proclamation, où il avertit les citoyens que pour maintenir toute agitation, il entend ne se servir que de la force morale. C'est un fait.

Devant le conseil des Ministres assemblés, il renouvelle, dans les termes les plus chaleureux, son serment de fidélité. On sait comment il l'a tenu. C'est un fait.

Le moment du danger arrivé, chacun est à son poste, Ministres et députés. Lui seul n'y est pas. C'est un fait.

Des questeurs et des députés vont le solliciter d'arriver au plus tôt. Il fait attendre les uns, répond évasivement aux autres, et ne vient pas à l'Assemblée. C'est un fait.

Cependant six députés, dont je vous ai donné les noms plus haut, à l'heure où le général prétendait que l'encombrement l'empêchait d'arriver jusqu'à nous, se transportent du Corps législatif au château, et reviennent du château au Corps législatif. C'est un fait.

Puis, au dernier moment, nous assistons au plus attristant spectacle, sans exemple jusqu'à ce jour dans l'histoire de notre nation ; un homme se lève général Gouverneur de Paris, ayant prêté serment à un Gouvernement, et sans être relevé de sa parole, il se couche chef d'un autre Gouvernement.

J'ai le droit, Messieurs, de tenir ce langage ; l'honorable M. Antonin Lefèvre-Pontalis vient d'avoir la bonté de vous rappeler que j'étais l'un des derniers resté sur mon banc le 4 septembre au Corps législatif, soutenu par l'espérance d'éviter les malheurs qui nous ont accablés depuis.

Mettez, si vous le désirez maintenant, la conduite du général Trochu en face de celle du maréchal Mac-Mahon, le plus digne, le plus noble, le plus généreux des hommes qui, vaincu, a conservé l'admiration et l'estime de la France.

Mais qu'il me soit permis, Messieurs, en finissant, de plaider en faveur du général Trochu quelques circonstances atténuantes. Il est un grand coupable que nous oublions de faire entrer en scène ; celui-là, il est vrai, est insaisissable : c'est le public qui, le premier à Paris, a réclamé et acclamé la guerre avec enthousiasme. Dès nos premiers échecs, au commencement d'août, les pensées et les aspirations de chacun se sont reportées sur le général Trochu. On lui supposait tous les mérites, on le désignait comme devant être notre sauveur. Aujourd'hui, en présence de sa conduite et des résultats, on est à même de le juger d'une façon définitive. Le public s'est trompé, le public est le grand coupable ; si cependant on avait laissé le général Trochu à l'écart, c'est alors qu'on se serait écrié de toutes parts : « Vous ne l'avez pas voulu, il nous eût sauvés ».

Supposons un instant le contraire, qu'il eût été doué de cette vigueur, de cette clairvoyance, de cet esprit de décision qui constitue les héros ;

Supposons qu'il ait été imbu de ce respect du serment qui donne la confiance, la satisfaction et le respect de soi-même ;

Supposons qu'il ait cent fois moins parlé et dix fois plus agi, tout eût été transformé.

On dit : « mais il avait de bonnes intentions ». Qu'eût-il donc fait, s'il en avait eu de mauvaises ?

C'est le public qui est coupable. Quant au général Trochu, son seul tort a été de ne pas s'apprécier et de prétendre au premier rôle ; enfin, il s'est éloigné du devoir, il a abandonné le seuil du Corps législatif pour se faire proclamer par la rue, il est tombé dans la rue.

L'honorable comte de Civrac me demande de bien préciser le moment où l'Impératrice avait semblé reconnaître que la dynastie était perdue et quels furent, à partir de cette heure, les agissements du Ministère ?

La première fois que l'Impératrice a dit : « Je sais le sort qui peut être réservé à la dynastie ; ne vous inquiétez pas d'elle, sauvez la France » (voir la note 2) ;

---

(2) J'avais demandé à la Commission d'enquête du 4 septembre l'autorisation de compléter ma déposition par des notes que je lui aurais soumises et que je n'avais pas en ce moment sous la main. Le Président m'a fait savoir que la Commission désirait que je m'en tinsse à ma déposition orale, sauf à compléter dans une brochure, sous forme de notes, ce que je croirais devoir insérer sous ma responsabilité.

C'était le soir où nous avons été délégués près d'elle par es cent députés.

MM. de Dalmas, Josseau, Dugué de la Fauconnerie et Dupuy de Lôme doivent avoir conservé le souvenir de ces paroles. Et, comme j'ai eu l'honneur de le dire à la Commission, la seconde fois que l'Impératrice a exprimé cette pensée qu'elle répétait du reste souvent, sous différentes formes, c'était le jour de la déclaration de dévouement de M. Trochu.

Quant aux agissements du Ministère, il mettait en première ligne l'intérêt de la délivrance du sol de la patrie, dont le salut était attaché à celui de l'armée du Rhin.

Il dirigeait toutes nos forces vers l'Est, croyant que le sentiment national serait assez puissant au sein de la minorité de l'Assemblée, pour qu'en face du danger commun, il y eût une trève sur les questions politiques intérieures. Je crois pouvoir déclarer enfin, que les paroles de l'Impératrice n'ont eu de résultat sur notre esprit, ni pour la pousser à l'abdication ni pour nous arrêter dans la voie du devoir.

Je réponds à M. de la Sicotière : pouvions-nous prévoir qu'en dehors de nous, sans nous consulter, sans nous prévenir, sans même nous convoquer, la séance allait être avancée de douze heures? Ce fut, en effet, dans l'espace de quelques minutes que la décision fut prise, et deux heures à peine s'écoulaient que la

---

On a remarqué, sans doute, que plusieurs membres de la Commission ont, pendant le cours de ma déposition, posé des questions en sens inverse.

Pourquoi, me disait-on, s'est-on dépourvu autant à l'intérieur de la capitale?

Et d'autres ajoutaient : a-t-on dirigé vers l'ennemi tout ce qu'on avait de troupes disponibles ?

La vérité est que, par ordre du Ministère, tout a été envoyé à la frontière. Le corps d'armée du général Vinoy venait de partir; celui du général Renault était sur le point de le suivre. Lorsque la catastrophe de Sedan fut connue, le Ministère pourvut au plus pressé, et le préfet de Police, comme il le faisait chaque jour, vint rendre compte au Conseil de l'état de la capitale et de la situation des esprits.

Un commencement de discussion eut lieu, la Régente y mit fin à l'instant, et telles furent ses paroles, qu'il est de ma conscience de rétablir : « Je ne veux pas que pour moi on fasse couler une seule » goutte de sang français. S'il restait un dernier bataillon disponible » dans la capitale, ce ne serait pas devant l'émeute, mais en face de » l'ennemi qu'il faudrait l'envoyer. »

séance était ouverte. M. Lefèvre-Pontalis déclare que cette séance était dans la pensée de la Chambre entière. Il fait confusion, et donne à la gauche et au centre gauche une valeur numérique plus considérable que celle qui appartenait à la majorité; si ma mémoire est fidèle, l'une des considérations qui ont décidé le décret et pour ainsi dire la remise des pouvoirs à la Chambre, c'est qu'après la disparition de nos armées, on comprit qu'il ne fallait plus combattre que pour l'honneur de nos armes. Le Ministre de la Guerre ayant déclaré qu'en présence d'armées régulières il n'était pas possible en France de faire avec avantage la guerre de partisans, comme en Espagne, au Mexique, en Grèce et dans une partie de l'Italie, il fallait donc, dans un temps plus ou moins rapproché, songer à conclure la paix.

Au sujet de la dernière observation qui m'a été faite, je demanderai, Messieurs, s'il en est un de vous qui pût supposer que l'ombre d'un pouvoir laissé à l'Impératrice, c'est-à-dire un contre-seing, ait pu venir entraver les droits que l'on remettait à la Chambre?

Peut-on supposer qu'elle ait pu penser, au milieu des malheurs dans lesquels nous étions plongés, à soulever des questions de procédure, de prérogative, des conflits avec la Chambre? C'était impossible.

M. le Comte de Rességuier. — Mais elle se serait effacée.

M. Jules Brame. — Je vais plus loin. Peut-on supposer que si la proposition de M. Thiers eût été admise, la simple nuance qui existait entre les deux propositions étant supprimée, les révolutionnaires se fussent arrêtés?

La séance de nuit a été une des causes déterminantes; elle n'est pas notre fait, et si au sujet de l'envoi des troupes à l'armée nous avions agi autrement que nous ne l'avons fait, c'est alors que nous eussions mérité votre blâme sévère. Veuillez me permettre, Messieurs, de vous produire quelques développements sur les détails que nécessitait notre situation.

Ils vous démontreront que chacun de nous n'a rien négligé pour atteindre le but auquel nous aspirions.

Lors de chaque mauvaise nouvelle que nous recevions, le

prince de la Tour-d'Auvergne, mon voisin de place au conseil des Ministres, me répétait souvent: «tout s'écroule». Et, en effet, tout s'écroulait depuis la déclaration de guerre. L'heure du renversement paraissait être irrévocablement arrivée.

Il faut bien le reconnaître, personne n'était jaloux d'engager son existence ou sa responsabilité au milieu des désastres qui nous menaçaient de toute part.

On vient souvent nous dire aujourd'hui : pourquoi n'a-t-on pas proposé telle chose?

Je serais fort en droit de répondre : mais pourquoi ne l'avez-vous pas fait vous-mêmes? Pourquoi n'en avez-vous pas au moins donné l'idée?

Les donneurs de conseils, les auteurs de projets formaient un chiffre considérable, nous prenaient un temps précieux, nous menaçaient parfois de leur colère, de la vindicte publique, si nous ne les mettions à l'instant même à exécution.

Vous vous rappelez le projet qu'on a soumis au général Trochu de procéder enfin par une attaque torrentielle ; on nous en a proposé de la même force. En dehors de cela, mille réclamations se produisaient, soit au dehors, soit au dedans de notre cabinet ministériel.

Puis, enfin, se présentait la foule d'inventeurs ou de fournisseurs qui, sous prétexte de patriotisme, prétendaient mettre en œuvre leur invention ou écouler leurs marchandises; et tous ces hommes étaient appuyés par des personnes influentes de toutes catégories, qu'il fallait au moins recevoir poliment pendant quelques minutes. Vous nous demandez ce que nous faisions? Nous avions fort à faire, nous ne repoussions personne ; car, au milieu de ce flot de propositions présentées à nos différents services, il pouvait y avoir quelques idées pratiques, et je défie qui que ce soit de me prouver qu'une proposition sensée m'ait été présentée sans qu'elle fût mise à l'instant même à exécution.

Permettez-moi, Messieurs, de ne pas citer de noms. On me donnait quelquefois d'excellentes idées et on se refusait à en être un des instruments d'exécution.

Un homme politique, qui n'appartenait pas à mon parti, me suggéra l'idée de nommer une commission de savants, d'appliquer les découvertes nouvelles de la science à la défense des villes assiégées. Je composai cette commission de savants, amis de l'auteur de la proposition, et lui en offris la présidence; il refusa.

· Peu de jours après, on me proposa de nommer une commission d'hygiène appelée à surveiller l'état sanitaire de la ville de Paris pendant le siége. Je composai la commission des amis politiques de l'auteur de la proposition; je lui en offris la présidence, il refusa.

Une autre fois, on me donna la pensée de former une commission appelée à sauvegarder nos bibliothèques et nos musées, en indiquant tous les travaux qu'il y avait à faire pour les mettre à l'abri de la bombe, et les dispositions qu'il y avait à prendre pour en éviter le pillage. Je nommai à l'instant même la commission et offris la présidence à l'auteur de l'idée ; il refusa.

Je pourrais multiplier les citations, donner les noms de ceux qui, me proposant l'adoption de projets utiles, refusaient d'en être les exécuteurs, me produisant plus tard un exemple du degré auquel pouvait être poussé l'oubli en me disant : « Si cependant on avait adopté ma proposition ! » Il en est toujours ainsi, c'est une page de la vie cent fois renouvelée.

Mais j'ai la satisfaction de remercier l'honorable M. Daru des bons avis qu'il m'a souvent donnés, et de la prompte décision avec laquelle il a accepté les fonctions pénibles et la lourde responsabilité de membre de la commission de la défense de Paris, que j'avais été chargé de lui offrir.

J'ai terminé, Messieurs; mais qu'il me soit permis de dire à M. de la Sicotière que nous avons tous rempli notre devoir, et je ne lui souhaite pas de se trouver un jour dans une aussi terrible et si douloureuse situation.

M. de la Sicotière, — Je supplie M. Brame d'être bien persuadé que je n'ai pas eu l'intention de le mettre personnellement en cause; je lui ai adressé des questions qui, à mon sens, devaient éclaircir la situation d'autrefois; mais j'ai cherché à dégager ces questions de tout ce qui pouvait ressembler à la discussion ; je n'ai posé que des questions se rapportant à l'ordre matériel ; j'ai voulu complétement laisser de côté tout ce qui est d'ordre moral.

M. le Président. — Nous pourrions passer maintenant à une autre question. M. de Rességuier, vous vouliez demander un renseignement à M. Brame?

M. le comte [de Rességuier. — Ma question était relative à la démission de M. le maréchal Baraguay-d'Hilliers. M. Brame sait-il quels ont été les motifs de cette démission? N'est-ce pas à la suite d'une discussion avec le général de Palikao que cette démission a été jugée nécessaire? N'y a-t-il pas eu là des questions d'amour-propre froissé, de mécontentements, et j'ajouterai même, au milieu de ces causes, des préoccupations de détail, de raisons plus particulières?

M. Jules Brame. — Je crois me rappeler qu'un jour le maréchal se trouvant dans la salle des Pas-Perdus, y rencontra le Ministre de la Guerre. Le maréchal dit au Ministre : « Savez-vous que le métier que je fais commence à m'ennuyer? » Le Ministre lui aurait répondu : « Eh bien ! quittez-le, si vous voulez ; mais je ne m'amuse pas plus que vous, et je reste. » Est-ce le motif? J'ignore les sentiments qu'ils avaient l'un envers l'autre.

M. le Président. — Du reste, cela ne présente pas grand intérêt pour le but que se propose la Commission.

M. le comte de Rességuier. — Je vous demande pardon, M. le Président. Cela nous sert à constater que le général de Palikao n'avait aucun intérêt militaire à renvoyer le maréchal.

M. de la Sicotière. — M. Brame voudrait-il nous parler de la réunion de la rue de la Sourdière ? il nous a dit, je crois, que tout avait été arrêté et convenu dans cette réunion.

M. Jules Brame. — Je n'ai rien su de positif à ce sujet. Le bruit est arrivé jusqu'à moi que des députés de l'extrême gauche auraient été réunis rue de la Sourdière; remarquez, Messieurs, que je ne fais que rapporter le bruit. MM. Delescluze, Blanqui et leurs adhérents auraient assisté à la séance.

Un membre. — A quelle date ?

M. Jules Brame. — Le 3 septembre. C'est là qu'auraient été préparés les événements du lendemain et que les tentatives d'envahissement auraient été décidées. M. de la Sicotière doit être convaincu qu'à cette heure-là, la fidélité du chef militaire, le dévouement des troupes pouvaient seuls éviter le 4 septembre et ses conséquences.

M. de la Sicotière. — Je me suis bien gardé d'exprimer une opinion, Monsieur ; je me suis borné à une question de fait.

M. Jules Brame. — Aussi me suis-je borné, de mon côté, à vous dire ce qui m'avait été rapporté, afin qu'il vous fût plus facile d'élucider ce fait important.

M. le Président. — M. Brame a répété ce qu'il a entendu dire et ce qui, déjà, nous avait été appris à nous-mêmes.

Un membre. — Pourquoi ne pas avoir arrêté les personnes composant cette réunion, ou du moins ne l'avoir pas empêchée?

Un autre membre. — Je crois qu'on aurait pu tout au moins faire une perquisition pour fouiller dans leurs papiers.

M. Jules Brame. — Jusqu'à présent, je me suis efforcé, la Commission a dû le remarquer, de ne faire que la relation des faits ; la Commission paraît me demander mon appréciation. Je vais la lui donner. Je m'étais facilement convaincu que dans le cours des labeurs de son enquête, elle avait dû entendre prononcer le nom de la rue de la Sourdière. C'est là, assure-t-on, qu'à la dernière heure, et spontanément, les principaux conjurés, devenus plus tard les communeux, se sont réunis, et lorsque la noble conduite de M. Grévy fut révélée au monde politique, voici l'idée que je me suis faite de ce qui s'est passé.

La gauche et l'extrême gauche se réunissaient pour deviser sur les affaires publiques et s'entendre sur les questions à discuter le lendemain à la tribune.

Si l'on veut analyser ce qui se passait alors, on se rappellera le silence patriotique gardé par M. Grévy pendant le mois qui a précédé le 4 septembre, et ses amis politiques harcelaient chaque jour le Gouvernement. On devait supposer qu'une dissidence existait entre eux et lui. Cette dissidence a dû se prolonger, s'envenimer, et le respect qu'inspirait M. Grévy à son parti, a dû arrêter dans leurs aspirations ceux qui voulaient profiter de ces fatales circonstances pour proclamer la République.

Un fait me paraît évident, c'est que, jusqu'au dernier moment, des séances de la gauche ont eu lieu avec la présence de M. Grévy, ce qui était naturel ; mais qu'ayant des pensées toutes contraires au sujet d'une république à proclamer révolutionnairement, et en face de l'ennemi, c'est en dehors de lui que l'on s'est rendu dans un autre domicile, rue de la Sourdière, numéro 4, où l'on a rencontré les chefs de l'armée révolutionnaire qui, hésitant jusqu'à l'heure du cataclysme, ont donné, pour le lendemain, leurs prescriptions aux chefs de sections du parti, aux hommes enfin, non qui discutaient, mais qui agissaient. La séance de nuit, la rapidité avec laquelle les événements se sont précipités, les préoccupations, l'écrasement produit par la catastrophe de Sedan, ont incontestablement, pendant ces courts instants, dépisté toute surveillance. Telle doit être, Messieurs, la vérité que, mieux que moi, vous serez à même d'approfondir.

Mais, en dehors de ces considérations, quel est donc le gouvernement qui résiste à la crosse en l'air de la garde nationale ? Et bien aveugles sont ceux qui affectent de ne pas craindre d'en devenir également victimes !

Quel est surtout le gouvernement qui résiste à l'émeute lorsque le chef militaire s'évanouit au lieu de se trouver à son poste à l'heure suprême ?

J'ignore, Messieurs, s'il conviendra à la Commission de me poser d'autres questions.

Je suis prêt à lui répondre ; mais je prie les honorables membres qui la composent de me permettre de terminer ma déposition par l'exposé de quelques considérations générales.

Les événements du 4 septembre ont été reçus, par les uns avec une grande joie, par les autres avec une profonde douleur. Et ce qu'il y a de plus singulier, une catégorie de citoyens en éprouvait, tout à la fois, de la satisfaction et des regrets : de la satisfaction, parce qu'à cause de leurs convictions, de leurs aspirations politiques, de leurs antécédents, des mécontentements personnels dont ils avaient été frappés, ils acceptaient avec une sorte de plaisir le fait accompli ; mais en considérant les conséquences dont les menaçait la révolution du 4 septembre, la crainte s'emparait bientôt d'eux. Les plus éclairés se demandaient et se demandent encore, sans doute, quels seraient ceux qui, de déchirements en déchirements, étaient destinés à s'emparer encore de la direction des affaires. Hommes de principes, d'ordre, d'étude, de respect du labeur et de l'épargne, ils savaient, à n'en pas douter, que les révolutions enfantent les révolutions et que le germe qui les fait éclore est l'appât des places auxquelles aspirent les révolutionnaires.

Permettez-moi de vous rappeler à ce sujet l'observation faite par un accusé communeux, assassin, répondant il y a peu de jours à une question du président du Conseil de guerre.

« Nous étions, M. le Président, un gouvernement légitime ! »

« Comment, lui dit le Président, un gouvernement légitime ? »

« Oui, ajouta l'accusé, nous avons été un gouvernement légitime jusqu'à l'heure où nous avons été vaincus ! (1) »

Voilà les aberrations, les idées extravagantes dans lesquelles tombe une nation lorsqu'elle tolère l'audace des sectaires et momentanément même les succès des coups de main dans la rue, et lorsqu'elle ne les punit pas ; lorsqu'elle s'attendrit aux accents des larmoyeurs, et qu'elle ne les congédie pas.

Votre enquête, Messieurs, fera infailliblement jaillir la lumière, et soyons assurés surtout qu'elle servira de guide à ceux qui sont appelés à nous gouverner.

M. le Président. — Nous remercions M. Brame de sa déposition.

M. Jules Brame. — C'est à moi qu'il appartient de remercier la Commission de l'accueil qu'elle a daigné me faire.

(Séance du 15 juillet 1871.)

___

(1) Débats officiels. — Séance de juillet. — Conseil de guerre. — Réponse de l'accusé Ferré au président Merlin.

IMPRIMERIE CENTRALE DES CHEMINS DE FER. — A. CHAIX ET Cⁱᵉ, RUE BERGÈRE, 20, A PARIS. — 22000-9.